Erinnerung Ägypten

Frühe Photographien, Lithographien, Stiche und Karten
aus der Sammlung Dan Kyram, Jerusalem

KATALOG EINER AUSSTELLUNG IM WINCKELMANN-MUSEUM
VOM 26. JUNI BIS 5. SEPTEMBER 2010

IN KOMMISSION BEI HARRASSOWITZ VERLAG WIESBADEN

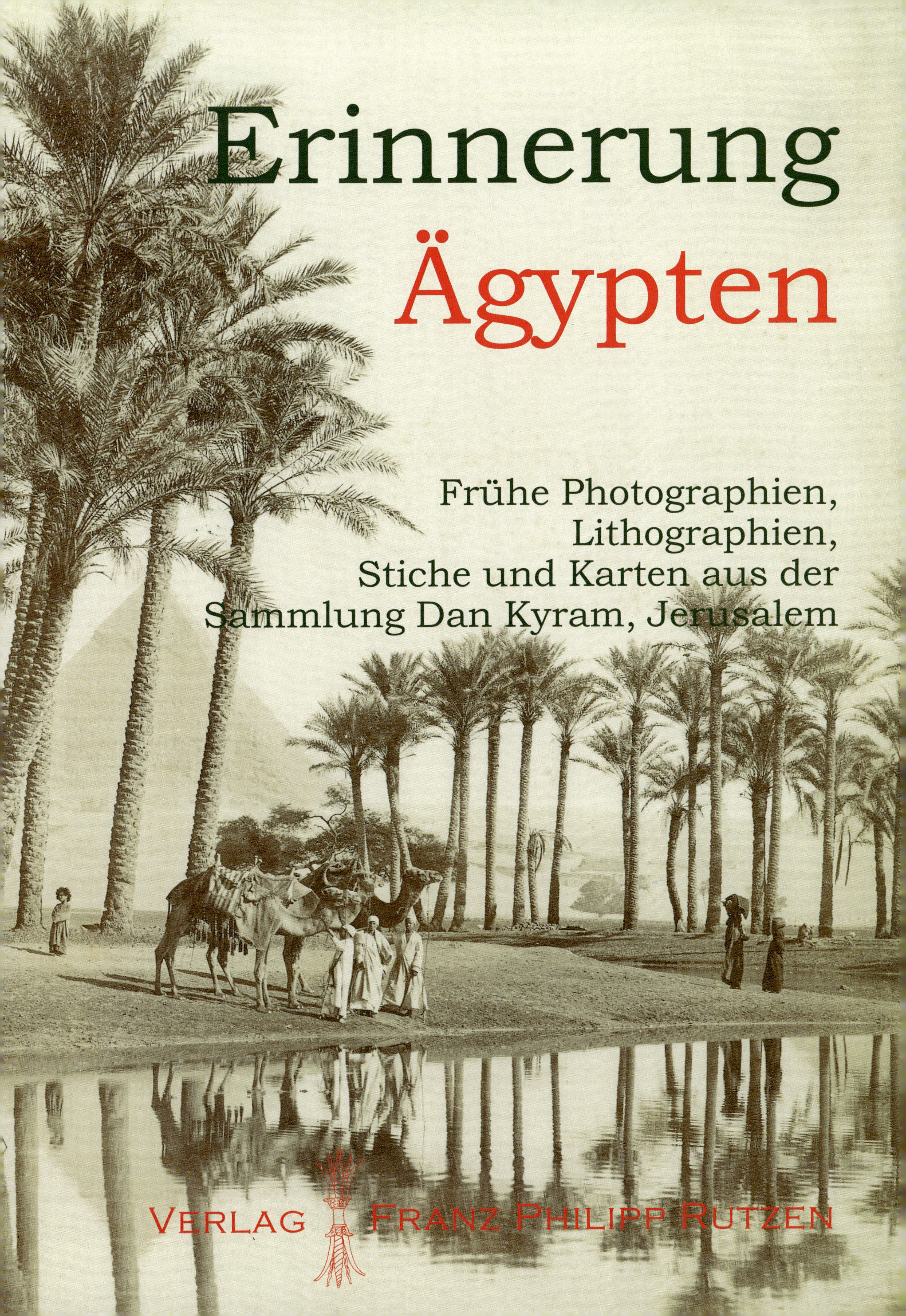

Erinnerung Ägypten

Frühe Photographien,
Lithographien,
Stiche und Karten aus der
Sammlung Dan Kyram, Jerusalem

VERLAG FRANZ PHILIPP RUTZEN

Eine Ausstellung
des Bible Land Museum Jerusalem
im Winckelmann-Museum Stendal

KATALOG
herausgegeben im Auftrag
der Winckelmann-Gesellschaft
von Max Kunze

Fotos: Bible Lands Museum Jerusalem
Ägyptisches Museum, Staatliche Museen zu Berlin
Caris-Beatrice Arnst
Winckelmann-Gesellschaft

Redaktion des Katalogs: Jutta Kunze

Gestaltung: Winckelmann-Gesellschaft

Der Katalog und die Ausstellung wurden gefördert von den Deutschen Freunden des Bible Lands Museums Jerusalem und der Franz- und Eva-Rutzen-Stiftung.

Bibliographische Information der Deutschen Bibliothek
Die Deutsche Bibliothek verzeichnet diese Publikation in der Deutschen Nationalbibliographie; detaillierte bibliographische Daten sind im Internet über <http://dnb.ddb.de> abrufbar.

Harrassowitz Verlag
ISBN 3-447-06297-5 EAN: 9783447062978
und Winckelmann-Gesellschaft Stendal

176 Seiten mit 162 Farbabbildungen

Gesamtherstellung: Gulde Druck Tübingen

Printed in Germany/Imprimé en Allemagne
Printed on fade resistant and archival quality paper (PH 7 neutral) · tcf

Umschlag:
Luigi Mayer
Der antike Obelisk aus Heliopolis in Matarea
1802
Sign.: L. Mayer.
Published by R. Bowyer, Historic Gallery, Pall Mall, 1802.
Bez.: An ancient obelisk at Matarea, formerly Heliopolis
Lithographie, 39,2 x 27,5 cm

Frontispiz:
Studio Bonfils
Giza, Überfluteter Palmenhain, im Hintergrund die Chephren-Pyramide
Um 1880
Ohne Sign.
Bez.: N° 902 Bord du Nil et Palmiers
Albuminpapier, 27,8 x 21,2 cm

Inhaltsverzeichnis

Vorwort 7
Max Kunze

Zum Geleit 9
Dan Kyram

Grandiose Ruinen, stimmungsvolles Licht.
Historische Fotografien aus Ägypten
Caris-Beatrice Arnst 11

Kartographen
Maler und Zeichner
Stephanie-Gerrit Bruer, Nadine Prescher 25

Katalog
Stephanie-Gerrit Bruer 31

Landkarten 31

Nilreise 37

Tourismus 127

Leben und Alltag 137

Vorwort

Das Bible Lands Museum Jerusalem zeigte seit März 2009 eine bemerkenswerte Ausstellung, die aus Anlass des 13. Jahrestages des Israel-Ägyptischen Friedensabkommens eröffnet wurde: „Echoes of Egypt. Photographs, lithographs, prints and maps from the Collection of Dan Kyram". So hieß der englische Titel der Jerusalemer Exposition. Es gehört seit langen zu den Zielen des Jerusalemer Museums der Bibelländer, die Kulturen und Länder des antiken Vorderasiens durch Ausstellungen bekannt zu machen, deren Geschichte im Kontext des Alten Testaments mit der jüdischen Zivilisation verbunden ist. Ägypten spielte in diesen geschichtlichen Prozessen der antiken Kulturen eine bedeutende Rolle, nicht nur in der Antike, sondern wie bekannt auch in der Gegenwart. Die Ausstellung und der in Hebräisch und Englisch erschienene Katalog lenkten den Blick auf eine entscheidende Phase der Formierung der Ägyptologie als Wissenschaft und auf die ersten Ansätze einer neuen Bilderwelt, die durch die Fotografie das Alte und Neue Ägypten nach Westeuropa brachte. Die Bilder – meist genau komponierte und gestellte Szenen, die durch ihre künstlerische Bearbeitung in den Studios erst zu dem wurden, was sie heute noch sind – hielten nun die Bau- und Bildwerke des Alten Ägyptens und Szenen aus dem fremden Alltagsleben fest und fanden durch den im 19. Jahrhundert einsetzenden Tourismus nach Ägypten rasche Verbreitung.

Gern haben wir uns darum bemüht, diese Ausstellung nach Stendal zu holen. In gewisser Weise setzt das Thema der Jerusalemer Ausstellung die Bemühungen des Winckelmann-Museums in Stendal fort, das vor wenigen Jahren sich mit einer Ausstellung und einem Katalog der Wiederentdeckung Ägyptens im Zeitalter der Aufklärung und damit der Winckelmann-Zeit widmete.

Schon deshalb haben wir gern diese Ausstellung aus Israel übernommen und danken an dieser Stelle Frau Batya Borowski, der Gründerin, und Frau Amanda Weiss, der Direktorin des Bible Land Museum Jerusalem sehr herzlich für die Genehmigung zur Übernahme dieser Ausstellung nach Stendal und die gewährte Unterstützung. Besonderer Dank geht an Herrn Dan Kyram, Jerusalem, für die Leihgaben aus seiner Sammlung. Denn alle in Stendal gezeigten Objekte, die frühen Photographien, Lithographien, Stiche und Karten stammen aus seiner umfangreichen Privatsammlung.

Zu danken ist schließlich Frau Dr. Caris-Beatrice Arnst, wissenschaftliche Mitarbeiterin am Ägyptischen Museum und Papyrussammlung in Berlin, die uns nicht nur für den Katalog zahlreiche wichtige Hinweise gab und aus der umfangreichen Sammlung des Berliner Museums ergänzende Fotos zur Verfügung stellte, sondern auch einen fundierten und interessanten Beitrag zur Geschichte der frühen Ägypten-Photographie zum Druck überlassen hat.

Dank schließlich sei Herrn Franz Rutzen für die Unterstützung dieses Katalogs abgestattet sowie den Deutschen Freunden des Bible Lands Museum Jerusalem, die einen finanziellen Zuschuss gewährten.

Max Kunze

0.1
Félix Bonfils

Abu Simbel, Kleiner Felsentempel für die als Hathor vergöttlichte königliche Gemahlin Nefertari

Um 1875
Sign.: Bonfils
Bez.: Nubie. Temple d'Abou Simbel, dédié à Athor (Egypte). 201.
Albuminpapier, 27,4 x 21,1 cm

Zum geleit

Dan Kyram

Seit den Tagen des griechischen Historikers und Weltreisenden Herodot (484–420 v. Chr.) hat es Reisende immer wieder nach Ägypten gezogen. Als Napoleon Bonaparte 1798, nach seinem misslungenen Ägypten-Feldzug, nach Frankreich zurückkehrte, ließ er mehr als 200 Forscher, Wissenschaftler und Künstler zurück, die die Aufgabe hatten, die Wunder des Landes zu dokumentieren. Sie legten eine Vielzahl von Kunstdenkmälern frei, die Zeugnisse der glorreichen ägyptischen Vergangenheit sind. Danach, zu Beginn des 19. Jahrhunderts entdeckten die Europäer dieses geheimnisumwobene und schöne Land.

Die Geschichte des alten Ägypten begann bereits 5000 Jahre zuvor, im 3. Jahrtausend v. Chr., als die Königreiche von Ober- und Unterägypten vereint und ein gemeinsames Königreich gegründet wurde – die erste Dynastie. 332 v. Chr. eroberte Alexander der Große Ägypten und gründete die Stadt Alexandria. Nur einige Jahre später gründete einer seiner Heerführer das Ptolemäische Reich. Königin Kleopatra VII. war die letzte Herrscherin dieses Reiches bis Octavian, der spätere römische Kaiser Augustus, Ägypten eroberte und es zur römischen Provinz machte. Der römische Kaiser Diokletian markiert Ende des 3. Jh. n. Chr. den Übergang von der Römischen zur Byzantinischen Periode des Landes. Im Jahre 641 n. Chr. wurde Ägypten von den Muslimen erobert. 1250, nach dem Fall der Ayyubiden Dynastie, eroberten die Mamelukken Ägypten und es blieb unter ihrer Herrschaft bis das Land 1517 schließlich von den Osmanen erobert wurde, die die Mamelukken unterwarfen.

1805, vier Jahre nach Napoleons Rückzug aus Ägypten, übernahm Khedive Muhammad Ali (1769–1849) die Führung. Er gilt als Gründer des modernen Ägypten.

1859 begannen die Arbeiten am Suez-Kanal und nur zehn Jahre später wurde er für den Schiffsverkehr geöffnet.

Das früheste Dokument, daß als Landkarte im modernen Sinne bezeichnet werden kann, ist eine Zeichnung auf einem ägyptischen Papyrus, der ins Neue Reich datiert werden kann. Darin sind topografische und geografische Daten des Gebiets um Wadi Hammamat im östlichen Teil der heutigen libyschen Wüste verzeichnet.

Ägypten hat der Welt aber noch etwas ganz anderes hinterlassen. Das große Erbe des Klaudius Ptolemaios (ca. 90–168). Obwohl wir wenig über ihn wissen, wird angenommen, daß er in Oberägypten geboren wurde und aufgewachsen ist, dann nach Alexandria ging und dort sein Leben verbrachte.

Alexandria war das kulturelle Zentrum der hellenistischen Welt. Besonders berühmt war die Stadt für seine Bibliothek. Hier entwickelte Ptolemaios die mathematischen und geographischen Grundlagen für seine Weltbeschreibung und hier begann er die Arbeit an seiner acht Bände umfassenden Reihe „Geographike hyphegesis", in der er die bekannte Welt und ihre Bewohner aufzeichnete.

Seine immer weiter voranschreitenden Forschungen führten zur Erkenntnis der mathematischen Grundlagen der Kartographie, besonders zur Lösung des Problems, die dreidimensionale Erdkugel auf eine zweidimensionale Fläche zu zeichnen. Zudem stellte er einen Index von über 8000 Ortsnamen mit den dazugehörigen Längen- und Breitengraden zusammen. Diese Koordinaten ermöglichten ein genaueres Zeichnen. Die Orte konnten so in eine realistische Nähe zu ihrer tatsächlichen Lage gesetzt werden. Das Ziel eines jeden Geographen, eben auch das des Ptolemaios, war das Vermessen der Welt unter der Benutzung einer einheitlichen Skala, die durch die Erfindung der Längen- und Breitengrade geschaffen war. Im Band der Karten der „Geographike hyphegesis“ befanden sich insgesamt zehn von Europa, vier von Afrika und zwölf von Asien. Leider sind die meisten Karten heute nicht mehr erhalten. Der erhaltene Teil des Werkes wurde im 9. Jahrhundert ins Arabische übersetzt. In Byzantinischer Zeit wurden die Karten dann kopiert, also abgemalt, und erreichten den europäischen Raum erst im 14. Jahrhundert. Nur wenige handgezeichnete Karten, die vor dem Aufkommen des Drucks, in der Mitte des 15. Jahrhunderts entstanden, sind heute noch erhalten. Gedruckte Karten lassen sich sehr viel leichter herstellen. Die Fortschritte in der Kartographie sorgten für eine immer größere Genauigkeit.

Nachdem der französische Archäologe Champollion 1822 den Stein von Rossette dechiffriert und die Fundumstände publiziert hatte, gab es in Europa eine steigende Nachfrage nach Bildern aus dem Orient. Champollion und andere zeitgenössische Forscher dieser Zeit benutzten zur präzisen Zeichnung ihrer Objekte bereits optische Instrumente, wie die Camera Obscura und die Camera Lucinda.

Mit der Erfindung der Fotografie 1839 eröffnete sich den Forschern und Künstlern eine neue Möglichkeit noch präzisere Bilder in kürzester Zeit herzustellen, die in ihrer Genauigkeit unübertroffen waren.

Gegen Ende des 19. Jahrhunderts, als der Film erfunden war, wurden auch die Fotokameras kleiner, leichter und handlicher - der gesamte fotografische Prozess wurde vereinfacht.

Die Fotografen antiker Stätte setzten oft Einheimische, Tiere und Kutschen mit auf die Bilder, um eine Maßangabe für die monumentalen Tempel, Gebäude und Gräber zu haben. Am Ende fügten sie schließlich noch ihre eigenen Farben zu dem fertigen Bild hinzu.

Mit der steigenden Zahl der Touristen, die nach Ägypten reisten, wuchs auch die Nachfrage nach Fotografen. Vor Ort boten die Fotografen eine große Auswahl an fertigen Fotografien an und eröffneten Filialen ihrer Geschäfte in Alexandria, Port Said, Memphis und anderen berühmten Reisezielen.

Mit der Zunahme der Verbreitung der Fotografie in Büchern und Zeitschriften, vermehrte sich auch das Wissen über die bisher weitestgehend unbekannten, reichen Zeugnisse der alten ägyptischen Kultur.

Grandiose Ruinen, stimmungsvolles Licht. Historische Fotografien aus Ägypten

Caris-Beatrice Arnst

„Der Anblick [...] ihrer Ruinen ist wahrhaft grandios“*[2] schrieb der italienische Abenteurer und Entdecker Giovanni Belzoni (1778–1823), als er 1817 zum zweiten Mal die Nilinsel Philae mit den Resten der Tempelanlage für die Göttin Isis besuchte (Abb. 1, 2). Seine Worte dürfen durchaus als Resümee genommen werden, denn seit 1815 war er in Ägypten und Nubien unterwegs, hatte außer den Pyramiden alle großen Tempel gesehen und verborgene Grabkammern erkundet. Daß Ruinen schön sein können, war eine Entdeckung von Malern, die diese Motive seit dem 17. Jahrhundert und häufiger noch während der Romantik – also zeitgleich mit Belzonis Entdeckungsreisen – wirkungsvoll in Szene setzten. Ruinen veranschaulichten die Vergänglichkeit, sollten aber auch an das „Goldene Zeitalter“ erinnern, das wehmütig beklagt und als maßstäblich für die Zukunft beschworen wurde. Nach den Ruinen gotischer Kirchen und antiker römischer Bauwerke rückten durch Napoleons Ägypten-Feldzug 1788/1799 nunmehr die Ruinen Altägyptens in das Blickfeld der Künstler. Diese monumentalen, erhabenen Ruinen symbolisierten jedoch nicht nur Vergangenes, sondern verwiesen auf den Uranfang der Menschheitsgeschichte, auf die „biblischen Urzeiten“. Das napoleonische Tafelwerk *Description de L'Égypte* (1809–1828; s. Abb. 1), das mehr als 3000 Abbildungen enthält, diente vielen Malern und Kunsthandwerkern als Vorlage und löste damit die erste Welle einer regelrechten Ägyptomanie aus; vor allem aber lockte es andere Künstler in das Land am Nil.

David Roberts

Einer der bedeutendsten englischen Architekturmaler, David Roberts (1796–1864), unternahm 1838–1839 eine Reise in den Orient, beginnend in Ägypten. Auf einer gemieteten Dahabija, einem Segelboot (s. Kat.-Nr. II.1), reiste er drei Monate stromaufwärts von Alexandria bis nach Abu Simbel (Abb. 3), wo Belzoni 1817 den Eingang des Großen Felsentempels freigelegt hatte. Die nach seinen Skizzen gefertigten handkolorierten Lithographien, 1842 und dreibändig 1846–1849 publiziert[3], machten ihn schlagartig berühmt. Seine bühnenartig angelegten Tempelruinen, die mit winzigen Staffagefiguren bevölkert sind, faszinieren bis heute wegen der akkurat gezeichneten Architekturdetails und der großartigen, malerischen Lichtstimmung.

Abb. 1 Ile de Philae. Vue perspective de l'Édifice de l'Est. Aus: Description d'Égypte.

Abb. 2 David Roberts: Philae, „Pharaos Bett“. Handkolorierte Lithographie, 1841.

Abb. 3 David Roberts: Abu Simbel, vom Nil aus gesehen. Handkolorierte Lithographie, 1841.

Roberts war kaum von seiner Orientreise zurückgekehrt, als in Paris die Erfindung der Fotografie, genauer des Daguerreotypie-Verfahrens, durch den Physiker François Arago vorgestellt wurde. In seiner Rede vom Vortag des Staatsaktes am 19. August 1839 erläuterte er den Nutzen der neuen Bildtechnik. Nach seinem Verständnis war sie ein Hilfsmittel zur wissenschaftlichen Dokumentation, das gerade für die Archäologie große Vorteile haben würde: „Um jene Millionen und Abermillionen von Hieroglyphen zu kopieren, die allein die Außenwände der großen Bauwerke von Theben, Memphis, Karnak etc. bedecken, bedarf es Dutzender Jahre und Legionen von Zeichnern. Mit der Daguerreotypie kann ein einziger diese Arbeit bewältigen [...] die Abbildungen werden an Genauigkeit und Lokalkolorit die Werke der besten Maler übertreffen.“[4] Seine Worte spiegeln das große wissenschaftliche Interesse an der Erforschung der altägyptischen Hochkultur, das seit der Entzifferung der Hieroglyphen 1822 durch Jean François Champollion (1790–1832) neuen Auftrieb erhalten hatte. Aber auch aus einem anderen Grund schien ihm Ägypten als Experimentierfeld besonders geeignet: „Tatsächlich sind wenigstens 10 bis 12 Minuten während der

Abb. 4 David Roberts: Kom Ombo. Handkolorierte Lithographie, 1841.

Abb. 5 Pascal Sébah: Kom Ombo. Albuminpapier, um 1875. Ägyptisches Museum Berlin.

Abb. 6 Charles Théodore Frère: Ansicht der Insel Philae, um 1870.

Abb. 7 Thomas Seddon: Die Pyramiden von Gizeh im Abendrot. Öl auf Leinwand, 1856.

dunklen Winterzeit nötig, um die Ansicht eines Bauwerkes, eines Stadtviertels, einer Landschaft aufzunehmen. Im Sommer, bei Sonnenschein, reduziert sich die Zeit vielleicht um die Hälfte. Im Mittelmeerklima wären sicher 2 bis 3 Minuten ausreichend."[5]

Trotz des heute kaum zu ermessenden technischen Aufwandes und den Unwägbarkeiten einer langen, beschwerlichen Reise war die Begeisterung so groß, daß schon zwei Monate später der Orientmaler Horace Vernet (1789–1863) und sein Schüler Frédéric Goupil-Fesquet (1817–?) zu einer Fotoexpedition nach Ägypten aufbrachen. Ihre Daguerreotypien - die als fotografische Unikate noch als Stahlstiche reproduziert werden mußten[6] - erregten so große Bewunderung, daß viele ihnen nachfolgten und sie zu übertreffen suchten. Anfangs stürzten sich vor allem Maler in das Abenteuer Reisefotografie – Joseph-Philibert Girault de Prangey (1804–1892) und Gustave Le Gray (1820–1884) – oder sie wollten wie Hector Horeau (1801–1872), der in Ägypten den kanadischen Fotografen Joly de Lotbinière (1789–1865) traf, die Daguerreotypien ebenso wie ihre Skizzen als Vorlage für spätere Aquarelle verwenden. Einige scheiterten jedoch, weil das Verfahren sehr kompliziert war. So beklagte sich der Schriftsteller Gerard de Nerval (1808–1855), als er während seiner Orientreise daguerreotypierte: „Die chemischen Lösungen veränderten sich durch die Hitze, ich konnte höchstens zwei oder drei Aufnahmen machen, glücklicherweise habe ich Freunde, die Maler sind …".[7] Die enge Verbindung zur Malerei führte jedenfalls zu ganz anderen Fotografien, als sie Arago so eindringlich gefordert hatte: Statt sachlicher Dokumentationsaufnahmen entstanden großartig komponierte, pittoreske Bilder. Zweifellos prägend dafür waren die Zeichnungen von David Roberts, denn oft wählten die Fotografen gleiche Kamerastandorte und Bildausschnitte (Abb. 4–5). Die Sorge, daß die Malerei damit tot sei – wie ein Maler[8] beim Anblick einer Daguerreotypie geäußert haben soll –, erwies sich als unbegründet. Denn tatsächlich hat die Fotografie die Malerei für eine neue, moderne Aufgabe frei gemacht:

die Darstellung des flüchtigen Spiels von Licht und Farben. Orientmaler wie Charles Théodore Frère (1814–1888, Abb. 6), Thomas Seddon (1821–1856, Abb. 7) oder Frank Dillon (1823–1909) inszenierten die ägyptischen Landschaften nun in einem hellen, magische Effekte zaubernden Licht, gebrauchten intensive Farben mit atmosphärischer Wirkung. Die altägyptischen oder islamischen Baudenkmäler bildeten fortan nur noch Kulissen; der Vordergrund war zur Suggestion von Wüstenmelancholie menschenleer oder mit opulenten exotischen Genreszenen belebt.

Maxime Du Camp

Der erste, dem es gelang in der frühen Reisefotografie ästhetische Ansprüche mit einer systematischen, dokumentarischen Vorgehensweise zu verbinden, war der französische Journalist Maxime Du Camp (1822–1894). Seine Fotoexpedition nach Ägypten, Nubien, Palästina und Syrien, auf der ihn sein Freund und Schriftstellerkollege Gustave Flaubert begleitete, war durch das französische Erziehungsministerium beauftragt worden. Die zwischen 1849 und 1851 in Ägypten entstandenen Fotos dokumentieren erstmals nahezu alle damals bekannten architektonischen Überreste dieser geschichtsträchtigen Kultur. Durch die Auswahl charakteristischer Gesamtsichten, von einer mittleren Entfernung nahezu verzerrungsfrei aufgenommen, und durch eine akzentuierende Lichtregie gelangen ihm zwar sachlich-kühle Aufnahmen, doch machten sie auch das Archaische und mythisch Kraftvolle der Bauformen sichtbar (Abb. 8). Nachdem die besten Aufnahmen in einem Prachtalbum erschienen waren, bescheinigte ihnen ein Kritiker, daß sie „den Charme und die Kaprizen einer Kunst“[9] besäßen.

Um diese Ergebnisse zu erzielen, hatte Du Camp neue fotografische Verfahren erlernen müssen, die in der Zwischenzeit die Daguerreotypie abgelöst hatten: Mit der von William H. Fox Talbot bereits 1841 entwickelten Kalotypie konnte erstmals ein Negativ erzeugt werden, von dem sich mehrere Positive abziehen ließen. Le Gray, der fotografische Lehrer von Du Camp, hatte das Verfahren dahingehend verbessert, daß das zum Negativ bestimmte Papier zuerst

Abb. 8 Maxim Du Camp: Östliche Kolossalfigur von Abu Simbel. Salzpapier, 1850.

gewachst und erst danach in die lichtempfindlichen Lösungen getaucht wurde.

Weil Du Camp damit keine zufriedenstellenden Ergebnisse erzielte, folgte er in Kairo dem Rat eines Kollegen und tauchte das Papier ein zweites Mal in eine Eiweiß-Jodkalium-Lösung – eine von Louis Désiré Blanquart-Evrard (1802–1872) entwickelte Modifikation. Dieses Verfahren war nach Du Camps Aussage „mühselig und langwierig und erforderte große Geschicklichkeit“, allein für die Vorbereitung des Negativpapiers benötigte man „mehr als 40 Minuten“, dann allerdings mußte es schnell, noch in feuchtem Zustand, belichtet werden. Entwickelt wurde es in einem Gallussäure-Bad, fixiert mit Natriumthiosulfat. Davon entstand ein Positiv, indem man im Kopierrahmen ein gleichfalls sensibilisiertes Papier darunter legte und im Sonnenlicht auskopieren ließ. Blanquart-Evrard, ein Tuchhändler und versierter Chemiker, verbesserte auch noch das Positiv-Verfahren zur Sensibilisierung und Entwicklung des Salzpapier-Abzuges, wodurch sich die Belichtungszeit von etwa 10–15 Minuten auf sechs Sekunden in der Sonne verkürzte. Weil sich damit pro Tag von einem Negativ bis zu 300 Abzüge herstellen ließen, gründete er 1851 in Lille eine Kopieranstalt und zugleich den ersten fotografischen Kunstverlag. Das schönste und be-

Salzpapier

Kalotypie

Abb. 9 Dunkelkammerzelt eines Reisefotografen.

Abb. 10 Ausrüstung des Reisefotografen.

deutendste Fotobuch, das in diesem Verlag je hergestellt wurde, war Du Camps Album *Égypte, Nubie, Palestine et Syrie*[10]. Obwohl er dafür in Fachkreisen hoch gelobt wurde, 1853 den Orden der Ehrenlegion verliehen bekam, beschäftigte er sich danach nur noch mit der Schriftstellerei.

Francis Frith

Der wohl bekannteste Vertreter der frühen Reisefotografie ist der Engländer Francis Frith (1822–1898). Ursprünglich Lebensmittelgroßhändler, wechselte er 1850 ins Druckereigewerbe, wo er sich mit der Fotografie vertraut machte. Im März 1853 wurde er Gründungsmitglied der „Liverpool Photographic Society", die ihn als „praktizierendes Mitglied" führte, so daß er bereits zu dieser Zeit ein ziemlich guter Fotograf gewesen sein muß. Angeregt durch die nach Zeichnungen von Roberts publizierten farbigen Lithographien, die ja auch unter wirtschaftlichen Gesichtspunkten einen Erfolg darstellten, plante er eine Serie fotografischer Drucke und Fotobücher zu historischen Schauplätzen des Orients. Zwischen 1856 und 1860 reiste er dreimal nach Ägypten, Nubien, Äthiopien und Palästina, wobei er als erster Fotograf über Abu Simbel hinaus bis zum Fünften Katarakt gelangte, heute im Sudan gelegen. Als mittlerweile wohlhabender Geschäftsmann konnte er es sich leisten, als Reisebegleiter vier Assistenten anzustellen – darunter den hervorragenden, später selbständig arbeitenden Frank Mason Good (1839–1928).

Die Assistenten brauchte er für die vor Ort zu verrichtende Laborarbeit, aber auch für den Transport, denn die damals gebräuchlichen Laborutensilien und Plattenkameras waren nicht nur zerbrechlich und empfindlich, sondern auch schwer. Frith nutzte zwei Plattenkameras für die Formate 8 x 10 Inch (20,3 x 25,4 cm) und 16 x 20 Inch (40,6 x 50,8 cm), außerdem eine Stereo-Kamera für die schon damals beliebten Stereofotografien. Schwer waren sie, weil Gehäuse und Stativ aus Holz und Messing bzw. Gußeisen gefertigt waren. Auch die Zelte, die häufig als Dunkelkammer dienten (Abb. 9), waren um etliche Kilo schwerer als die ultraleichten Trekkingzelte von heute. Glasflaschen mit Chemikalien, Fässer mit destilliertem Wasser, Schalen zum Präparieren und Wässern der Negative, vor allem aber die zahlreichen Glasplatten machten das Gepäck noch schwerer. Bei kurzen Strecken trugen die Fotografen ihre Ausrüstung in einer Art Gestellrucksack, bei einer „Grand Tour" wie sie Frith absolvierte, mußte alles auf Kamelen, Mauleseln oder in dem speziell für ihn hergestellten Planwagen durch das unwegsame Wüstengelände transportiert werden. Die einheimische Bevölkerung vermutete, er würde in dem Wagen seine Haremsdamen befördern – „mondgesichtige Schönheiten, meine Ehefrauen allesamt"[11] – weshalb sie großen Respekt vor ihm hatten.

Die Ergebnisse seiner Reisen publizierte er zwischen 1858 und 1865. Die Palette reicht von Stereofotografien[12], fotografischem Sammelband[13], Panoramen im Mammutformat bis zu fotografisch illustrierten Bibelausgaben[14]. Alle seine Aufnahmen sind technisch ausgereift, von bestechender Detailschärfe, geradezu brillant (s. Kat.-Nr. II.30). Um sich einen breiten Käuferkreis zu erschließen, gründet er 1859 ‚Frith & Co', eine fotografische Kopieranstalt, die später nicht nur die *Frith Series*, sondern auch Aufnahmen anderer Fotografen vertrieb und als Foto-Großhandlung bis 1960 existierte. Den Grund für die wachsende Beliebtheit der Fotografie, die sich für den Geschäftsmann in hohen Verkaufszahlen ausdrückte, sah er in ihrer Exaktheit und Wahrhaftigkeit. Naturwahre Abbilder, insbesondere von den Schauplätzen der Bibel, hatten für den strenggläubigen Quäker eine moralisch-religiöse – mit seinen Worten „eine göttliche" oder „neue spirituelle Qualität".[15]

Die herausragende Qualität und leichte Reproduzierbarkeit seiner Aufnahmen

Naß-Kollodium-Verfahren

verdankte Frith dem Naß-Kollodium-Verfahren, das Le Gray und Frederick Scott Archer (1813–1857) gerade erst anwendungsreif gemacht hatten. Für die Beschichtung der zuvor polierten Glasplatte wurde Kollodium benötigt, das durch Auflösen von „Schießbaumwolle" (Zellulosenitrat) in Äther und Alkohol gewonnen und anschließend mit lichtempfindlichem Jodkalium angereichert wurde. Allerdings war Vorsicht geboten, denn „Schießbaumwolle" ist hochexplosiv, schon durch natürliche Zersetzung kann es explodieren! Das zähflüssige, schnell trocknende Kollodium wurde sodann über die Glasplatte gegossen und bei gedämpften Licht in einem Silbernitratbad lichtempfindlich gemacht. Dann allerdings mußte die Platte sehr schnell in die Kamera eingelegt und belichtet werden, denn nur solange sie noch naß war – daher Naß-Verfahren – konnte die Aufnahme gelingen. Auch die Weiterverarbeitung in der Dunkelkammer hatte zügig zu erfolgen: Zuerst wurde das Glasnegativ in Pyrogallussäure entwickelt, dann in Natriumthiosulfat fixiert, zuletzt gewässert und getrocknet (Abb. 11). Die Prozedur war umständlich und erforderte viel Übung und Geschick, vor allem mußte sie schnell und im Dunkeln erfolgen. Deshalb mußte der Fotograf nach der Wahl des Kamerastandortes in nicht allzu weiter Entfernung eine Dunkelkammer einrichten. In Ägypten boten sich dafür Gräber, Innenräume von Tempeln und Höhlen an, im freien Wüstengelände jedoch mußte in Zelten oder im Planwagen gearbeitet werden. Hinzu kamen andere, durch das Wüstenklima bedingte Probleme: Bei Temperaturen um die 50° C, wie sie bisweilen in den Dunkelkammerzelten herrschten, begann das Kollodium zu kochen, frisch präparierte Platten wurden durch herumfliegenden Sand, Staub oder durch Fliegen verdorben, die sehr warme, trockene Luft veranlaßte Trockenflecken. Anschaulich beschrieb Francis Frith die schwierigen Bedingungen: „Ich präparierte meine Bilder bei Kerzenlicht in einer der inneren Kammern des Tempels. Es war eine äußerst unangenehme Behausung – das Loch, in dem ich arbeitete. Der Boden war mehrere Zentimeter tief mit einem unfaß-

Das Polieren der Platte

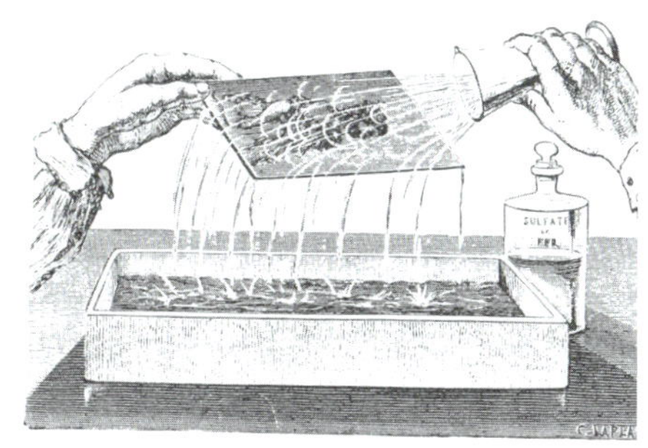

Das Beschichten

Das Sensibilisieren

Das Entwickeln

Abb. 11 Arbeitsschritte beim Naß-Kollodium-Verfahren.

bar unaromatischen Staub bedeckt, der in Wolken aufstieg sobald wir uns bewegten; an der Decke hatten sich Gruppen übelriechender Fledermäuse aufgehängt – die am widerlichsten riechenden Kreaturen überhaupt."[16] Der Berliner Fotochemiker Hermann Wilhelm Vogel (1834–1898) mußte 1868 nach schweißtreibender Laborarbeit im Grab des Ti in Sakkara feststellen, „daß manche Platten sonderbare Risse in der Schicht zeigten, und daß diese von Eidechsenschwänzen herrührten, die darüber gestreift hatten […]."[17]

Glücklicherweise überwogen die Vorteile: Die mühevolle Prozedur brachte nicht nur qualitätvolle Negative, man konnte sie auch endlich vor Ort entwickeln und das Ergebnis betrachten, so dass im Fall eines Mißlingens die Aufnahme wiederholt werden konnte.

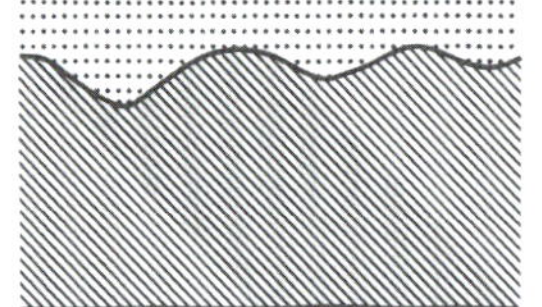

Abb. 2
Schematischer Querschnitt einer Photographie auf Albuminpapier. Die schrag schraffierte Fläche stellt den Papierträger dar, deutlich von ihr getrennt befindet sich das Bildsilber in der Albuminschicht.

Albuminpapier

Auch beim Positiv-Verfahren gab es eine Verbesserung, die 1850 wiederum Blanquart-Evrard entwickelt hatte: Statt des bisher gebräuchlichen Salzpapiers stand für das Kopieren der Abzüge nun Albuminpapier zu Verfügung, das wegen der vielfältigen Tonwerte und der Wiedergabe feinster Details bis etwa 1920 Verwendung fand. Albuminpapier entstand, indem man feines, dünnes Schreibpapier mit Albumin (frz.) – Hühnereiweiß – beschichtete. Das Eiweiß mußte dafür mit etwas Kochsalz schaumig geschlagen und einige Zeit stehen gelassen werden, bis es fermentierte und sich als klare Flüssigkeit absetzte. Nach dem Trocknen wurde das albuminisierte Papier in einer Silbernitratlösung lichtempfindlich gemacht. Sobald das geschehen war, mußte es noch am gleichen Tag belichtet werden. Die Belichtung erfolgte wie beim Salzpapier durch Auskopieren, im direkten Kontakt mit dem Negativ im Sonnenlicht. Fixiert wurde wie üblich mit Natriumthiosulfat, dem gegen die allmähliche Vergilbung und zur Tönung meist Goldchlorid zugesetzt wurde. Mit der Goldtonung konnten die sonst gelb- bis rotbraunen Tonwerte je nach Tonungsdauer zu einem warmen Dunkelbraun, Aubergine oder bis zu einem Blauschwarz vertieft werden. Dadurch wirkten die Albuminpapierabzüge noch malerischer. Nach dem Trocknen und Pressen war ihre Bildoberfläche glatt, oft von feinen Haarrissen durchzogen, und seidig glänzend, was sie gegenüber den matten Salzpapieren attraktiver machte. Der einzige Nachteil: Das außerordentlich dünne Albuminpapier mußte schnell auf Karton aufgezogen werden, um das Einrollen zu vermeiden.

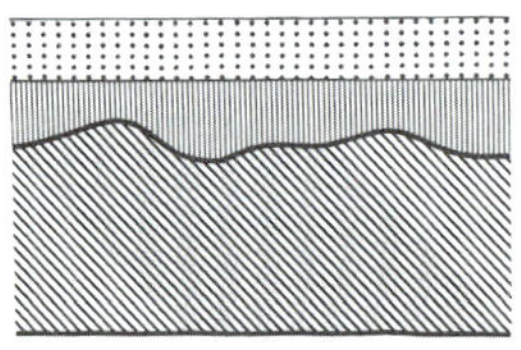

Abb. 3
Schematischer Querschnitt eines Chlorsilber-Auskopierpapiers. Die das feinst verteilte Bildsilber enthaltene Gelatineschicht ist durch eine Barytschicht (senkrecht schraffiert) von der Papierunterlage getrennt.

Schon ab etwa 1854 konnten die Fotografen albuminisiertes Papier kaufen, was nicht nur die Vorbereitungen verkürzte, sondern sie von dem Problem befreite, sich in abgelegenen Wüstengebieten frische Hühnereier zu beschaffen. In solchen Albuminpapier-Fabriken – die damals größte stand in Dresden – sollen täglich bis zu 60.000 frische Hühnereier verarbeitet worden sein. Angesichts dieser Mengen verzichtete man darauf, Hühnereier durch Enten- oder Gänseeier zu ersetzen, deren Weißes sich mittlerweile als „noch sensitiver" herausgestellt hatte.[18]

Wilhelm von Herford

Abb. 12 a und b

Félix Teynard

John Beasly Greene

Lois de Clercq

Neben Du Camp und Frith sind noch einige andere Pionier-Fotografen zu nennen, die mit Abenteuerlust, technischem Improvisationsgeschick und „quasi mit besonderem Erschwernisgrad"[19] durch Ägypten und Nubien reisten: Der erste Deutsche unter ihnen ist Wilhelm von Herford (1814–1866), der zwischen 1849 und 1855 mehrmals den gesamten Orient bereiste, dabei auf Bestellung seiner Künstlerfreunde in Rom auch Motive wie exotisch gekleidete Araber oder lagernde Kamele aufnahm. Allerdings war die Orientfotografie für ihn nur ein Mittel, um sich für eine diplomatische Karriere zu empfehlen, was ihm 1864 tatsächlich glückte.[20] Herausragend sind dagegen der französische Ingenieur Félix Teynard (1817–1892), der mit seinem 1853–1858 erschienen *Atlas photographique*[21] die *Description de L'Égypte* durch exakte Dokumentationsfotos ergänzen wollte, aber nur aufnahm, was ihm gefiel –; der amerikanische Archäologe John Beasly Greene (1832–1856), ein Schüler Le Grays, der als einer der ersten und wenigen sowohl meisterhaft komponierte, melancholische Landschaftsfotos als auch sachliche Dokumentationsfotos aufzunehmen verstand[22] –; der Franzose Lois de Clercq (1836–1901), dessen sechsbändiges

Werk einundvierzig hoch gelobte Ägypten-Fotografien enthält[23] –; und vor allem der deutsch-amerikanische „Dr. [Naturwissenschaftler] und Fotograf, beide originell" Jakob August Lorent (1813–1884), dessen 1861 publiziertes Album *Photographische Skizzen*[24] großformatige und großartige Architekturfotografien aus Ägypten zeigt (Abb. 13).

Neben grafisch illustrierten Reisebeschreibungen, Entdeckungsberichten und romantisch verklärenden Erzählungen, an denen sich bisher die Fantasie der orientbegeisterten und bildungsbeflissenen Europäer entzündet hatte, waren nun also großformatige Reisealben mit Original-Fotografien im Angebot, die die geheimnisumwitterten Ruinen wirklichkeitsgetreu präsentierten. Das blieb nicht ohne Folgen. War die *Grand Tour* im 18. und frühen 19. Jahrhundert allein Abenteurern und Söhnen aus gehobenen Gesellschaftsschichten vorbehalten, unternahmen ab Mitte der 1850er Jahre all jene, die dazu die Mittel hatten, eine Bildungsreise in den Orient. Mit der Eröffnung der Eisenbahnstrecken Alexandria – Kairo 1856 und Kairo – Suez 1858, vor allem aber ab 1869, als Thomas Cook mit Dampfschiffen die bis heute beliebte Nilkreuzfahrt einführte, kam der Tourismus in Schwung. Statt der bescheidenen Hotels, mit denen sich die frühen Reisenden zufriedengeben mußten, wurden neue, luxeriöse Hotels errichtet, wo sich die Touristen von den Strapazen der Besteigung der Cheops-Pyramide oder Kamelritten durch die Wüste erholen konnten (s. Kat.-Nr. III.3, III.5, III.8). Die Gäste des *Shepheard Hotels*, neben dem *Hôtel du Nil* damals die beste Adresse in Kairo, beschrieb 1873 die englische Schriftstellerin und Ägyptologin Amelia B. Edwards (1831–1892) so: „[...]Kranke auf der Suche nach Genesung, Künstler auf der Suche nach Motiven, Sportbegeisterte, die nach Krokodilen zu jagen sich vorgenommen hatten, Staatsmänner auf Urlaub, Sonderkorrespondenten, die auf den neuesten Gesellschaftsklatsch aus sind, Sammler, die Mumien und Papyri aufzuspüren hoffen, Wissenschaftler, die nur Wissenschaftliches im Sinn haben und den gewöhnlichen Überschuß an Müßiggängern, die nur der Lust des Reisens frönen [...]"[25].

Dadurch angelockt, kam eine neue Generation von Fotografen nach Ägypten und eröffnete in den von Touristen meist frequentierten Orten ihre Geschäfte: in Alexandria, Kairo, Luxor und ab 1869, nach der Eröffnung des Suez-Kanals, auch in Port Said. Anfangs boten sie ihre Fotos in den Hotels zum Verkauf an, doch schon bald waren ihre „Studios" bekannt, nicht zuletzt auch durch Empfehlungen in Reiseführern von Murray und Baedeker. Als 1864 der deutsche Orientmaler Wilhelm Gentz in Kairo weilte, suchte er „drei Photographen auf, kaufte für 35 Francs Photographien."[26]

Jakob August Lorent

Einer der Fotografen, die Gentz vermutlich aufsuchte, war der aus Berlin stammende Wilhelm Hammerschmidt (aktiv ca. 1858–1870). Er war einer der ersten, die ein Foto-Studio betrieben – und zwar im *Mouski*, einem Handelsviertel, das sich bis zum alten Khan el-Kalili-Bazar erstreckt. Dort verkaufte er außer seinen Fotografien, die er geschäftstüchtig übrigens auch in der Kauffmann'schen Buchhandlung im *Ezbekya*-Viertel anbieten ließ, als Service für Reisefotografen Fotoausrüstungen, Glasplatten und Positivpapiere. Um die steigende Nachfrage nach souvenirträchtigen Fotografien zu bedienen, hatte Hammerschmidt Ägypten bis nach Abu Simbel sowie das Heilige Land bereist. Im Ergebnis entstanden Aufnahmen von Monumenten und Sehenswürdigkeiten, Stadtansichten von Alexandria, Kairo (s. Kat.-Nr. II.11) Jerusalem und Damaskus – auch als Panorama aus mehreren Einzelbildern zusammengesetzt – sowie Genreszenen. Außer

Abb. 13 Jakob August Lorent: Sphinx. Albuminpapier, 1859.

Wilhelm Hammerschmidt

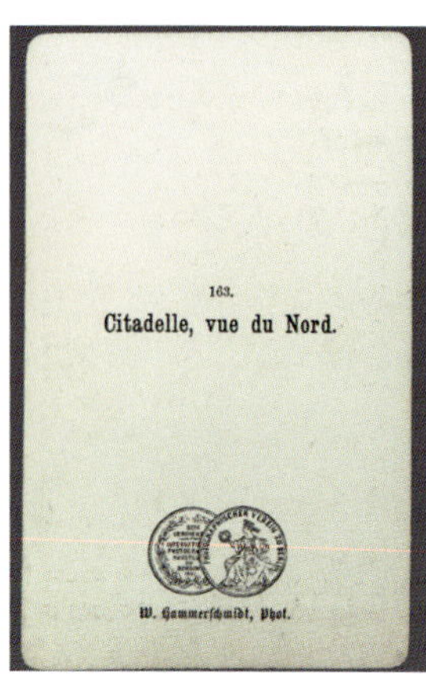

Abb. 14 Wilhelm Hammerschmidt: Kairo, Blick auf die Zitadelle von Norden. Carte-de-visite No. 163. Albuminpapier, vor 1865. Sammlung C.-B. Arnst

den Großformaten stellte er auch Stereofotografien und Cartes-de-visite (Abb. 14) her – kleinformatige Fotos im Visitenkartenformat –, deren pittoresken Charakter er gelegentlich durch Handkolorierung steigerte. Bereits 1862 publizierte er die Alben *Monuments de l'Égypte ancienne et moderne* (2 Bände) und *Souvenirs d'Égypte*, von denen er 20 Aufnahmen bereits 1861 in Paris, auf der Ausstellung der *Société Française de Photographie* gezeigt hatte. Seine hoch gelobten Fotografien machten ihn schnell bekannt, so daß er sie noch 1863, 1864 und 1867 in Paris sowie 1865 auf der *Internationalen Photographischen Ausstellung* in Berlin zeigen durfte. Er war seit 1862 Mitglied der *Société Française de Photographie* und seit 1863 des *Deutschen Photographen-Vereins* in Berlin. Da er gelegentlich in den Berliner Sitzungsprotokollen als anwesend vermerkt wird und auf seinen Cartes-de-visites „W. Hammerschmidt, Caire/ d'Égypte – Berlin/ Neu-Schöneberg No. 1" angegeben ist, wird angenommen, daß er zwischen Kairo und Berlin pendelte. Nachdem er 1869 zahlreiche Aufnahmen von der Eröffnung des Suez-Kanales gemacht hatte, anschließend den dort anwesenden preußischen Kronprinzen Friedrich Wilhelm auf seinen Ausflügen begleitete und fotografierte[27], verlieren sich seine Spuren.[28]

Wie bei den meisten Studio-Fotografen dieser Zeit ist weder sein Geburts- noch Todesdatum bekannt, wir wissen nichts über seine Herkunft, sein familiäres Umfeld, nur einige Fakten aus seiner aktiven Zeit als Fotograf.

Antonio Beato

Antonio Beato (etwa 1840–1906), italienischer Abstammung und später englischer Staatsbürger, begann seine fotografische Karriere als Assistent seines älteren Bruders Felice und seines Schwagers James Robertson, die schon seit 1854 als „Robertson & Beato" firmierten. Gemeinsam bereisten sie den gesamten Mittelmeerraum, waren 1857 in Ägypten, danach in Palästina. Von dort zogen Felice Beato und Robertson weiter nach Indien, um die Kampfhandlungen zwischen britischen Truppen und Indern zu dokumentieren und Aufnahmen in Nord-Indien zu machen. Antonio kam später nach, in das soeben eröffnete Studio in Kalkutta, kehrte aber vermutlich aus gesundheitlichen Gründen schon 1860 nach Kairo zurück. Etwa 1862 hatte er bereits ein Foto-Studio in Luxor, in einem in den 1850er Jahren neu errichteten Haus unmittelbar neben der Tempelanlage und nur wenige Schritte von der Dampferanlegestelle entfernt. Obgleich er auch eine Zweigstelle in Kairo besaß, in der Geschäftstraße *Mouski*, sollte Luxor für die nächsten 40 Jahre sein Hauptsitz sein. Geschäftstüchtig hatte er seine Ansichtskataloge auf allen Nil-Dampfschiffen auslegen lassen – zuletzt waren es 25 Alben, jedes mit bis zu 300 Aufnahmen (s. Kat.-Nr. II.50, II.51, II.57, II.65, II.76, II.81)! Sobald die Schiffe in Luxor anlegten, soll Beato's Ehefrau ständig hin- und hergelaufen sein, um Bestellungen aufzunehmen und die verpackten Fotos auszuliefern. Bei seinem Tod 1906 hinterließ er drei vollständige Foto-Ausrüstungen, eine Kollektion seiner Ansichtsalben und schätzungsweise 40.000 Glasplattennegative, von denen ein Teil durch Gaston Maspero für das Ägyptische Museum Kairo angekauft wurde.[29]

Hippolyte Arnoux

Der Franzose Hippolyte Arnoux (aktiv in den 1860er Jahren bis 1900) begann bereits Mitte der 1860er Jahre in Ägypten zu arbeiten, hatte vermutlich 1867 ein Studio in Alexandria. Kurz vor Eröffnung des Suez-Kanals, 1869, gründete er sein Studio in Port Said und signierte fortan mit „H. Arnoux Port Said" (s. Kat.-Nr. II.33). Bekannt wurde er durch sein *Album du Canal de Suez* mit 24 Fotografien vom Kanal. Für diese Aufnahmen hatte er eigens ein Schiff gemietet, in dem er eine Dunkelkammer einrichtete. Neben Aufnahmen vom Hafen sind zwischen 1880 und 1890 zahlreiche Genreszenen einheimischer Volkstypen entstanden, möglicherweise bereits in Kooperation mit den Brüdern Zangaki.

Félix Bonfils

Félix Bonfils (1831–1885), ursprünglich Buchbinder im französischen Saint Hippolyte du Fort, wanderte wegen seines an Keuchhusten erkrankten Sohnes Adrien (1861–1929) nach Beirut aus, wo er 1867 mit seiner Frau das „Maison Bonfils" gründete. Während seine Frau Marie-Lydie dort Porträtaufnahmen machte, war er als Reisefotograf unterwegs. Dank stetig wachsender Touristenströme konnten schon bald drei Assistenten eingestellt und Zweigstellen in Baalbek, Jerusalem, Alexandria und in Kairo eröffnet werden. Innerhalb von nur vier Jahren, bis 1871, produzierte das „Maison Bonfils" 15.000 großformatige Ansichten und 9.000 Stereofotografien aus Ägypten (s. Kat.-Nr. II.15, II.26, II.35, IV.17, Frontispiz), Syrien, Griechenland und dem Libanon. 1878 fuhr er nach Frankreich, um sein kostbares Album *Souvenirs d' Orient* herzustellen; noch im gleichen Jahr wurde es auf der Weltausstellung in Paris ausgezeichnet. Danach überließ er die Reisefotografie seinem Sohn. Nach seinem Tod 1885 übernahmen seine Frau und sein Sohn das Fotounternehmen.

Gelatine-Trockenplatten

Inzwischen war es nach fast 10 Jahre dauernden Versuchen gelungen, ein Verfahren zu entwickeln, das die Glasplattennegative trocken verwendbar und lagerungsfähig machte. Durchgesetzt hatte sich 1871 die Idee des englischen Arztes Richard Leach Maddox (1816–1902), statt des Kollodiums eine Gelatineemulsion zur Einbettung des lichtempfindlichen Silberbromids einzusetzen. Durch Erhitzen und Zugabe von Ammoniak konnte die zunächst mäßige Lichtempfindlichkeit erheblich gesteigert werden – eine Entdeckung, die dem deutschen Fotochemiker Vogel zu danken war. Eine fabrikmäßige Herstellung der Gelatine-Trockenplatten setzte in England ab 1873, in Deutschland ab 1879 ein, und schon 1880 hatten sie vollständig die Kollodium-Platten ersetzt. Für die Reisefotografen bedeutete das eine enorme Erleichterung, da ihnen das mühsame Präparieren vor Ort erspart blieb und sie nun bequem die benötigten Glasplattennegative im Reisegepäck mitführen konnten. Noch einen anderen Vorzug hatten die Gelatine-Platten: Sie waren sechs- bis zehnmal empfindlicher als die Kollodium-Platten und ermöglichten daher eine kürzere Belichtungszeit.

Pascal Sébah

Von den neuen Gelatine-Trockenplatten profitierte nicht nur das „Maison Bonfils", sondern auch der türkische Fotograf Pascal Sébah (1823?–1886). Sein erstes Studio hatte er 1857 in Konstantinopel eröffnet, bald unterstützt durch einen französischen Partner namens Antoine Laroche (aktiv 1850er–1880er Jahre). Etwa ab 1870 besaß er eine Zweigstelle in Kairo, am *Ezbekya*-Platz, wo die bekannte Geschäftstraße *Mouski* beginnt. Dort kooperierte er bis 1880 mit Henri Béchard (aktiv 1870er–1880er Jahre) und ab 1884 mit Policarpe Joaillier (aktiv 1848–1904). Als er 1883 schwer erkrankte, übernahm sein Bruder Cosmi eine Zeitlang die Zweigstelle in Kairo, doch nach seinem Tod 1886 brauchte auch der Hauptsitz der Firma eine neue Leitung. Sein erst 16jähriger Sohn Jean (1872–1947) firmierte deshalb 1888 mit Joaillier zu „Sébah & Joaillier" und begann ab etwa 1890 seine Aufnahmen aus Ägypten mit „J. P. Sébah" zu signieren, den Vornamen des Vaters werbewirksam integrierend.[30]

Pascal Sébah wurde weltbekannt durch sein Album *Costumes populaires de la Turquie*[31], das im Auftrag des türkischen Malers Osman Hamdi Bey entstanden war und die Vielfalt der Trachten im Osmanischen Reich dokumentierte. Auf der Weltausstellung 1873 in Wien erhielt er dafür eine Goldmedaille. 1878, auf der Weltausstellung in Paris, zeigte er erstmals seine exzellenten Fotografien aus Ägypten, für die ihm eine Silbermedaille zuerkannt wurde. Seine in Kairo ausliegenden Ansichtskataloge enthielten 117 großformatige Aufnahmen von altägyptischen und nubischen Monumenten, außerdem recht zahlreiche Genreaufnahmen von ägyptischen Volkstypen und Berufsgruppen, Städte-Panoramen und Stereofotografien. Im Baedeker-Reiseführer von 1885 werden seine Fotografien als die besten gelobt (s. Kat.-Nr. II.14, II.52, II.62, II.86, II.88).

Jean Sébah

Sein Sohn Jean Sébah folgte den meisterlichen Vorgaben seines Vaters, ließ aber der Landschaft und den geschickt verteilten Staffagefiguren im Vordergrund mehr Raum, so daß seine Aufnahmen eine großartige Tiefenwirkung erzielten (s. Kat.-Nr. II.22, II.54, II.64, IV.5, IV.7, IV.27).

Abdullah Frères

Die Abdullah Frères – das sind die drei armenischen Brüder Vichen (?–1902), Hovsep (1830–1908) und Kevork (1839–1918) – begannen ihre fotografische Laufbahn wie Sébah in Konstantinopel. 1858 übernahmen sie das Studio des deutschen Chemikers Rabach und 1862 wurden sie zu Hoffotografen des Sultans ernannt. Als „Abdullah Frères" gewannen sie 1867 auf der Pariser Weltausstellung für ihre Panorama-Aufnahme von Konstantinopel eine Medaille. 1886 folgten sie einer Einladung des ägyptischen Khediven Taufik Pascha zu einer Reise in den Süden und eröffneten nach ihrer Rückkehr eine Zweigstelle in Kairo. Die meisten Aufnahmen aus Ägypten sind zwischen 1886 und 1898 entstanden (s. Kat.-Nr. IV.23), denn 1899 verkauften sie ihr Fotounternehmen an „Sébah & Joaillier".

Abb. 15 Bananenhändler. Halbtondruck, 1898 (Vergios & Zachos). Foto: C. u. G. Zangaki (No 857), um 1880. Sammlung C.-B. Arnst

Zangaki

Die Griechen Zangaki sind gleichfalls Brüder – Georges (aktiv in den 1880er bis 1890er Jahren) und Constantin (aktiv in den 1880er Jahren bis 1915) – die meist nur mit „Zangaki" signierten. Anfangs waren sie Partner von Arnoux, bei dem sie vermutlich auch das Fotografenhandwerk lernten, eröffneten aber später in Port Said ein eigenes Studio. Bekannt wurden sie nicht nur für Aufnahmen von altägyptischen Denkmälern (s. Kat.-Nr. II.31, II.32, II.49, II.56, II.70, II.77, III.6) und ihr 1896 veröffentlichtes *Album de la Terre Saint*, sondern vor allem für ihre arrangierten Genreszenen, die eine Vorstellung vom Alltagsleben der einheimischen Bevölkerung geben sollten (s. Kat.-Nr. IV.1, IV.3, IV.14). Von ihren beliebtesten Aufnahmen wurden dank der Entwicklung von Edeldruckverfahren ab etwa 1898 Ansichtskarten oder großformatige, farbige Halbtondrucke (Abb. 15) produziert. Dabei wurde jedoch häufig ihre Signatur getilgt oder der untere Bildrand mit den Angaben der Fotografen abgeschnitten, so daß nur noch Kenner „Zangaki" als Urheber identifizieren können.

Abb. 16 Pascal Sébah: Großer Sphinx. Um 1875

Als das „Ende einer Ära" bezeichnete der englische Publizist und Sammler Colin Osman die Jahre nach 1890[32], denn mit der legendären „Kodak-Nr. 1" war 1888 der Weg gewiesen worden für die Entwicklung von Kleinbildkameras, die auch Amateure leicht bedienen konnten. Die Werbeslogans von George Eastman „Anybody can use it" oder „You press the button – we do the rest" verfehlten nicht ihre Wirkung: Viele Touristen versuchten sich nun selbst im Fotografieren und kauften immer seltener die großformatigen, sepiafarbenen Albuminpapierabzüge.

Jüngere Fotografen wie der Armenier G. Lékégian (aktiv 1887–1925), die Griechen Georgiladakis, G. Sarolidis (beide aktiv in den 1880er bis 1890er Jahren) und P. Peridis (aktiv in den 1880er bis 1905) sowie der Deutsche P. Dittrich (aktiv 1885–1908), die teilweise noch bei Arnoux oder den Zangaki-Brüdern gelernt und gearbeitet hatten, wollten dennoch nicht den touristischen Massengeschmack bedienen: Nur zu gut wußten sie, daß man zwar das Fotografieren recht schnell erlernen kann, nicht aber „das Gespür für das Licht […] dies muß man als Künstler erfassen."[33]. Künstlerisch anspruchsvoll, mit Licht Stimmung zaubernd, versuchten sie mit ihren Fotografien Käufer zu begeistern, denen die Grenzen ihrer Boxkamera-Fotos sehr wohl bewußt waren. Damit der qualitative Unterschied sogleich ins Auge sprang, signierte Lékégian mit dem Zusatz „Photographie Artistique" (s. Kat.-Nr. II.5, II.43, II.55, II.68, II.71, II.74, IV.2, IV.10, IV.21). Aufträge aus dem Boulaq Museum Kairo, Ausstellungsobjekte fotografisch zu dokumentieren, oder Angebote von Verlagen, die Reisehandbücher nun mit Fotografien im Lichtdruckverfahren bebildern wollten, halfen diesen Fotografen zu überleben.

Edition Schroeder & Cie

Edition Photoglob

Konsequenterweise entstanden zuletzt, als viele Fotografen ihre Studios bereits schließen mußten, die „Edition Schroeder & Cie" (s. Kat.-Nr. II.63, II.72, IV.34) und die „Edition Photoglob" (s. Kat.-Nr. II.61, II.75). Die 1888 bzw. 1889 in Zürich gegründeten Firmen, die zeitweise sogar kooperierten, waren die ersten großen Fotoverlage und -agenturen. Sie kauften Negative von aufgegebenen Studios auf – darunter von „Maison Bonfils" und Zangaki – und vertrieben sie unter ihrem Firmennamen. Die noch heute existierende Photoglob war von Orell Füssli speziell für den Vertrieb der Photochrom-Bilder gegründet worden. Dabei wurden schwarzweiß-Fotografien im Steindruckverfahren in surreal wirkende Farbbilder verwandelt, die sich vor Erfindung der Farbfotografie großer Beliebtheit erfreuten (Abb. 17).

Mit zunehmender Konkurrenz hat sich mit Beginn der 1870er Jahre der Bildformen-Kanon der Reisefotografie verändert[34]: Bevorzugt wurden pittoreske Ansichten mit rahmenden Landschafts- oder Architekturelementen und narrativ arrangierten Staffagefiguren im Vordergrund, Baudenkmäler aus leicht diagonalen Sichten und mittlerer Höhe, Architekturdetails und baugebundene Skulpturen in effektvollem Seitenlicht; hinzu kamen pseudo-ethnografische Aufnahmen von einheimischen „Volkstypen" oder Berufsgruppen, die von Malern und Anthropologen stimuliert worden waren. Dennoch spiegelt jede einzelne Fotografie – eine frühe aus der Pionierzeit ebenso wie eine späte aus der letzten Dekade des 19. Jahrhunderts – eine individuelle, künstlerische Annäherung an das Objekt (Abb. 16 und 18). Sie legt damit „nicht nur Zeugnis ab von dem, was da ist, sondern ebenso von dem, was der einzelne sieht" und wie er es bewertet.[35]

Reisende, die diese Fotografien nach Rückkehr von ihrer Bildungsreise in lederne, mit Goldprägung verzierte Fotoalben einklebten oder ihren Sammelmappen einverleibten, wußten die Schönheit und Poesie dieser „Ruinenbilder" ebenso wenig zu würdigen, wie Ägyptologen und Archäologen, die sie als Anschauungsmaterial für Forschung und Lehre nutzten und dafür ab etwa 1890 topografisch und sachlich geordnete Fotosammlungen aufbauten. Jahrzehnte später, schon in den frühen 1930er Jahren, hatte man das Interesse an ihnen verloren: Technisch weiterentwickelte Kleinbildkameras ermöglichten nun Touristen und Archäologen die für ihre Zwecke geeigneten Fotos selbst aufzunehmen.

Erst Ende der 1970er Jahre wurden diese historischen Fotografien von Kunst- und Fotohistorikern wiederentdeckt und durch Ausstellungen und Kunstbildbände gewürdigt. Aber auch der Kunsthandel hatte sie inzwischen als Sammelobjekte entdeckt, so daß ihre Preise nach den undurchschaubaren Kriterien des Kunstmarktes von Jahr zu Jahr stiegen. Dadurch erwachte auch wieder das Interesse der Ägyptologen und Archäologen: Sie erkannten, daß die historischen Fotografien die altägyptischen Monumente in ihrer ursprünglichen, unberührten Gestalt zeigen – vor ihrer Freilegung oder Ausgrabung, vor ihrer Erforschung und Restaurierung. So ist beispielsweise der große Sphinx von Giza zu sehen, als nur sein verwittertes, suggestives Anlitz aus dem Wüstensand ragte oder der Große Felsentempel von Abu Simbel, als er noch zur Hälfte vom Treibsand verweht war. Der Chnum-Tempel von Esna steckte „bis zum Hals im Abfall von Jahrhunderten"[36] und auf dem Dach des Horus-Tempels von Edfu waren noch die Reste eines Fellachen-Dorfes zu erkennen. Andere Monumente wurden hingegen erst zu jener Zeit in großem Umfang beraubt oder – wie etwa der Tempel der Kleopatra in Armant – zur Gewinnung von Baumaterial Stein für Stein abgetragen. Und nicht zu vergessen die aus heutiger Sicht romantischen Aufnahmen, die die Pyramiden im Überschwemmungswasser gespiegelt zeigen (s. Kat.-Nr. II.23, II.25). Als Dokumente einer längst vergangenen Zeit sind diese Fotografien deshalb heute von unschätzbarem Wert.

Die brillante amerikanische Kulturkritikerin Susan Sontag äußerte in einem ihrer Essays über Fotografie, daß der Fotograf wie der Sammler von einer Leidenschaft getrieben ist – einer Leidenschaft, die stets mit dem Sinn für die Vergangenheit verbunden ist und der Einsicht, daß Weggeworfenes, Verlorenes, Abgeblättertes, Ruinöses schön und zugleich geheimnisvoll, interessant ist.[37] Von dieser Leidenschaft zeugen die in dieser Ausstellung präsentierten Fotografien und Grafiken aus der Sammlung Dan Kyram.

Abb. 17 Beduinenfrauen mit ihren Kindern. Photochromie, nach 1887 (Photoglob). Foto: Maison Bonfils, um 1880.

Abb. 17 Fiorillo: Großer Sphinx. Um 1880

Anmerkungen:

[*] Der Text basiert auf einem Vortrag, den die Autorin anläßlich der Eröffnung der von ihr kuratierten Fotoausstellung „Ihre Ruinen wahrhaft grandios. Frühe Fotografien aus Ägypten" am 16.11.2004 im Berliner Ägyptischen Museum gehalten hat.

[2] Giovanni B. Belzoni, Narrative of the operations end recent discoveries within the Pyramids, Temples, Tombs, and Excavations, in Egypt and Nubia [...] London 1820, 199.

[3] The Holy Land: Views in Palestine, Egypt and Syria, from drawings made on the spot by David Roberts, R. A., [...] London 1842; Egypt and Nubia, 3 Bde. London 1846–49 (6 Bde., London 1856).

[4] Dominique François Arago, Rapport de M. Arago sur le Daguereótype, … et à l'Académie des Sciences, séance du 19 août. Paris 1839 (Online-Version bei Google Bücher) S. 28–31.

[5] Ebenda S. 36 f.

[6] Noël-Marie P. Lerebours, Excursions daguerriennes. Vues et monuments les plus remarquables du globe. Paris 1840–1844. Die allererste Aufnahme der Cheops-Pyramide von 1938, vom Stahlstecher durch Staffagefiguren ergänzt, ist abgebildet in Bull, Deborah, Donald Lorimer u. Anne Horton: Up the Nile. A photographic excursion, Egypt 1839–1898. New York 1979, IX.

[7] An den süßen Ufern Asiens. Ägypten – Palästina – Osmanisches Reich. Reisziele des 19. Jahrhunderts in frühen Photographien, hrsg. Bodo von Dewitz. Köln, Römisch-Germanisches Museum, 1988 S. 12.

[8] Angeblicher Ausspruch von Paul Delaroche, was der Fotohistoriker Sachsse jedoch bezweifelt; Rolf Sachsse, Fotografie. Vom technischen Bildmittel zur Krise der Repräsentation. Köln 2003 S. 73.

[9] Louis de Cormin, zitiert nach Alfred Grimm, Ägypten. Die photographische Entdeckung im 19. Jahrhundert. München 1980 S. 11.

[10] Égypte, Nubie, Palestine et Syrie. Dessins photographiques recuillis pendant les années 1849,1850 et 1851, accompagnés d'un texte explicatif et precedes d'un introduction par Maxime Du Camp, chargé d'un mission archéologique en Orient par la Ministère de l'Instruction publique. Paris 1852.

[11] Douglas R. Nickel, Francis Frith in Egypt and Palestine. A Victorian Photographer Abroad. Princeton/ Oxford 2004 S. 47 f.

[12] Francis Frith, Egypt and Nubia. Descriptive Catalogue of One Hundred Stereoscopic Views of the pyramids, the Nile, Karnak, Thebes, Aboo-Simbel, and all the most interesting objects of Egypt and Nubia. London 1857; ders.: Egypt, Nubia, and Ethiopia – Illustrated by One Hundred Stereoscopic Photographs, taken by Francis Frith for Messrs. Negretti and Zambra with descriptions and numerous Wood Engravings by Joseph Bonomi, and notes by Samuel Sharpe. London 1862.

[13] Ders.: Egypt and Palestine, photographed and described, 2 Bde. London 1858–1860.

[14] Z. B. The Holy Bible. London 1862; abgebildet bei Nickel, Francis Frith pl. 60, 134

[15] Ders.: The Art of Photography (1859), zitiert nach: Nickel, Francis Frith S. 90 f.

[16] Zitiert nach: Egypt and the Holy Land in Historic Photographs: Seventy-Seven Views by Francis Frith, hg. Julia van Haaften, New York 1980 S. 12.

[17] Zitiert nach: Christiane u. Hartwig Altenmüller, Im Spiegel der Zeit – Ägyptenfotos aus der zweiten Hälfte des 19. Jahrhunderts, in: Mit Kamel und Kamera. Historische Orient-Fotografie 1864–1970. Mitteilungen aus dem Museum für Völkerkunde Hamburg, NF, Bd. 38, Hamburg 2007 S. 381.

[18] Photographie auf Glas, in: Deutsches Kunstblatt, No. 16, 19. April 1851 S. 122.

[19] Dewitz, Bodo von: An den süßen Ufern Asiens, in: An den süßen Ufern Asiens (Ausst.-Katalog 1988) S. 13.

[20] Ebenda S. 12 f.

[21] Félix Teynard, Égypte et Nubie. Sites et monuments les plus intéressants pour l'étude de l'art et l' histoire. Atlas photographique accompagné des plans et d'une table explicative servant de complément à la grande Déscription de l'Égypte. Paris 1853–1858.

[22] John B. Greene, Le Nil: Monuments, paysages, explorations photographiques. Lille 1854; ders.: Fouilles exécutées à Thebes dans l'année 1855, text hièroglyphiques et documents inédits. Paris 1855.

[23] Lois De Clercq, Voyage en Orient, 6 Bde. Paris 1860.

[24] Jakob August Lorent, Egypten, Alhambra, Tiemsen, Algier: Reisebilder aus den Anfängen der Photographie. Zusammengest. von Wulf Schirmer, Werner Schnuchel u. Franz Wallner. Nachdr. der Ausg. Mannheim 1861, Mainz am Rhein 1985.

[25] Amelia B. Edwards, A Thousand Miles up the Nile. London 1877, Kap. 1.

[26] Brief vom 09.12.1864 aus Kairo, zitiert nach Stegemann, Bolko: Auf den Spuren des Orientmalers Wilhelm Gentz. Seine Werke, seine Briefe. Krefeld 1996 S. 54.

[27] An den süßen Ufern Asiens (Ausst.-Katalog 1988) Abb. S. 21.

[28] Zu W. Hammerschmidt s. Filzmaier, Birgit: „[...] und bald werde ich nicht mehr wissen, wo meine Träume noch eine Zuflucht finden [...]". Wilhelm Hammerschmidt und die Reisephotographie in Ägypten, in: Alles Wahrheit! Alles Lüge! Photographie und Wirklichkeit im 19. Jahrhundert. Die Sammlung Robert Lebeck (Ausstellungskatalog), hg. Bodo von Dewitz u. Roland Scotti. Köln 1997, 262–264. – Zu den Fotografen generell Perez, Nissan N.: Focus East. Early Photography in the Near East (1839–1885). New York 1988; Jacobson, Ken: Odalisques & Arabesques: Orientalist Photography 1839–1925. London 2007.

[29] Zu Antonio Beato siehe Zannier, Italo: Verso oriente: Fotografie di Antonio e Felice Beato. Florenz 1986; Osman, Colin: Egypt – Caught in time. London 1997.

[30] Zum Fotounternehmen Sébah s. vor allem Jacobson, Odalisques & Arabesques S. 269–272.

[31] Les costumes populaires de la Turquie en 1873. Ouvrage publié sous la patronage de la Commission Impériale Ottomane pour l'Éxposition Universelle de Vienne. Text von Hamdy Bey u. Marie De Launay, Fotos von Pascal Sébah, 1873.

[32] Osman, *Egypt – Caught in time* S. 121.

[33] Félix Nadar (1820-1910) in einem Brief von 1856, zitiert nach: Beaumont Newhall, *Geschichte der Photographie*. München [2]1998 S. 68.
[34] Sachsse, *Fotografie*, 50.
[35] Sontag, Susan: *Über Fotografie*. Frankfurt am Main, [16] 2004 S. 87.
[36] Edwards, *Thousand Miles*, Kap. IX S. 144.
[37] Sontag, ebenda S. 79.

0.2
Luigi Mayer
Hafen des modernen Alexandria mit dem Leuchtturm

1802
Sign.: L. Mayer del. T. Milten direx. Published by R. Bowyer. Historic Gallery, Pall Mall 1802.
Bez.: Part oft he New City of Alexandria, with the Lighthouse. Partie de la Nouvelle Ville d'Alexandrie.
Lithographie, 37,3 x 28,2 cm (Blatt), 31,0 x 23,0 cm (Bild)

0.3
Friedrich Heinrich Werner
Bazaar in Girgeh

1873

Sign.: C. Werner f. 1873.
Companhia Nacional Editora Lisboa
Bez.: [oben Foto beschnitten] Egypto. Bazar em Girgeh
Lithographie, 27,7 x 35,6 cm (Blatt), 18,5 x 26,7 cm (Platte), 16,8 x 20,8 cm (Bild)

Kartographen – Künstler

Stephanie-Gerrit Bruer – Nadine Prescher

Kartographen

Sebastian Münster (1488–1552)

Der Universalgelehrte und Kartograph Sebastian Münster wurde am 20. Januar 1488 als Sohn des Spitalmeisters Andreas Münster in Ingelheim am Rhein geboren. Nach seiner Ausbildung an der Ordenshochschule in Heidelberg trat er 1505 dem Franziskanerorden bei und wurde zwei Jahre später zum Studium nach Löwen und Freiburg gesandt. Seine Vorliebe galt dort dem Hebräischen und der Geographie, die er begeistert bei Gregor Reisch hörte. 1509 setzte Münster sein Studium an der Universität in Rouffach fort, wo er sich als Schüler von Konrad Pelikan neben dem Griechischen und Hebräischen vor allem der Geographie, Astronomie und Mathematik widmete. Durch seine Sprachstudien, die er später noch auf die semitischen Sprachen Aramäisch und Äthiopisch erweiterte, wurde sein Blick auch auf die antike Geographie gelenkt. Besonders intensiv beschäftigte sich Münster mit der aus dem 1. Jh. n. Chr. stammenden Erdbeschreibung des Pomponius Mela „De chorographia“. Von 1511–1514 war er an der Universität in Basel tätig und anschließend vier Jahre als Lektor an der Ordenshochschule in Tübingen, wo er sich vor allem der Astronomie und Astrologie widmete, und erneut in Basel bis er 1521 an die Universität Heidelberg ging, wo er 1524 die Professur für Hebräisch erhielt. 1529 folgte der dem Ruf als Professor an die Universität Basel, wo er 1547 zum Rektor berufen wurde. Von der Reformation inspiriert geriet er in Basel zunehmend in Konflikte mit dem Katholizismus. Bald nach seinem Austritt aus dem Franziskanerorden konvertierte er 1530 zum Protestantismus.

In seiner neuen Funktion an der Universität konnte er sich seinen geographischen Studien widmen und die Arbeit an seinem lange geplanten Werk, der „Cosmographia“, aufnehmen. Im Zuge seiner Recherchen bereiste er Frankreich, die Schweiz und Süddeutschland. Es gelang ihm, über 100 Autoren zu gewinnen, die ihm Reiseberichte und Stadtansichten aus der damals bekannten Welt lieferten. 1544 veröffentlichte er im Verlag seines Stiefsohnes Heinrich Petri die erste Auflage der „Cosmographia“, die er bis zu seinem Tode am 26. Mai 1552 durch die Pest ständig erweiterte.

Neben seinem Hauptwerk publizierte Münster über 70 Schriften, von denen im Hinblick auf die Geographie der antiken Welt und insbesondere Ägyptens vor allem die Editionen antiker Autoren interessant sind, wie z.B. die lateinische Übersetzung der „Geographia“ des griechischen Gelehrten Claudius Ptolemäus, der ca. von 100 bis ca. 175 n. Chr. in Alexandria lebte. Für diese 1540 erschienene Ausgabe entwarf Münster selbst 48 Karten.

Diese Werke flossen unmittelbar in seine „Cosmographia“ ein, die bis 1614 zahlreiche Auflagen und Übersetzungen erfuhr. Die erste französische Übersetzung veröffentlichte er 1552. Das Standardwerk enthielt ab 1550 62 Karten und 74 Stadtansichten. Als Zeichner waren für ihn u.a. Hans Rudolf Manuel Deutsch (1525–1571), Jakob Clauser (1520–1578), David Kandel (1538–1587) und als Holzschneider Christoph Stimmer (CS), Heinrich Holzmüller (H.H. oder HHF), Hieronymus Wyssenbach Basiliensis (HWB), Martin Hoffmann (MH oder MHF) und Gregorius Sickinger (GS) tätig.

Lit.: Karl Heinz Burmeister, Sebastian Münster – Versuch eines biographischen Gesamtbildes. Basler Beiträge zur Geschichtswissenschaft, Bd. 91, Basel und Stuttgart 1963 und 1969; Günther Wessel, Von einem, der daheim blieb, die Welt zu entdecken – Die Cosmographia des Sebastian Münster oder Wie man sich vor 500 Jahren die Welt vorstellte, Frankfurt 2004. Ferner: Hans Georg Wehrens, Freiburg in der „Cosmographia“ von Sebastian Münster (1549), in: Freiburg im Breisgau 1504–1803, Holzschnitte und Kupferstiche, Freiburg 2004, S. 34 ff.

Christophor Cellarius [Keller] (1638–1707)

[Christoph Keller] wurde am 22. November 1638 in Schmalkalden geboren und verstarb am 4. Juni 1707 in Halle als Professor für Rhetorik und Geschichte an der dortigen Universität. Er studierte an den Universitäten Jena (1656) und Gießen (ab 1659) alte und orientalische Sprachen, Geschichte, Theologie, Philosophie und Mathematik.

1666 beendete er seine Studienzeit als Magister. Ein Jahr später wurde er Professor für hebräische Sprache und Ethik an dem Gymnasium von Weißenfels. 1673 wurde er Rektor des Gymnasiums in Weimar, später der Stiftsschule in Zeitz und der Domschule in Merseburg.

Als 1694 die Universität Halle gegründet wurde, berief ihn der Kurfürst Friedrich III. von Brandenburg zum Professor für Rhetorik und Geschichte, zwei Jahre später übernahm er die Leitung der Bibliothek und 1697 das erste deutsche Philologische Seminar. Als Philologe veröffentlichte Cellarius Schriften zur lateinischen Sprache und gab die Werke von Cicero, Caesar und Plinius d. J. neu heraus.

Doch nicht nur auf dem Gebiet der alten Sprachen erwarb sich Cellarius große Verdienste sondern auch als Historiker. 1702 erschien seine „Historia Universalis" in drei Bänden: 1685 die „Historia Antiqua", 1698 die „Historia Medii Aevi" zum Mittelalter und 1702 die „Historia Nova" zur Neuzeit, eine Einteilung mit der er die Geschichtswissenschaft nachhaltig beeinflusste. In seiner Historia Antiqua hatte sich Cellarius nicht nur mit der griechischen und römischen Geschichte befasst, sondern anhand der antiken Quellen auch ausführlich mit der Geschichte des Alten Orients und Ägyptens. Seine Darlegungen hat er mit geographischen Karten veranschaulicht.

Lit.: Christiane Kunst, Imperium. In: Der Neue Pauly DNP Rezeptions- und Wissenschaftsgeschichte Bd. 14, Stuttgart 2000 Sp. 577–586. Joachim Leuschner: Cellarius, Christoph. In: Neue Deutsche Biographie (NDB), Bd. 3, Berlin 1957 S. 180–181. Lotholz, Cellarius, Christoph. In: Allgemeine Deutsche Biographie (ADB). Bd. 4, Leipzig 1876 S. 80–81.

Abraham Ortelius (1527–1598)

Abraham Ortelius wurde am 2. April 1527 in Antwerpen geboren, wo er am 28. Juni 1598 auch verstarb. Nach dem Griechisch-, Latein- und Mathematikstudium in seiner Heimatstadt war er als Kartenkolorist und Buchhändler tätig. Doch bald wurde er zum Herausgeber in eigener Sache.

1570 erschien unter dem Titel „Teatrum orbis Terrarum" (Welttheater) sein erster Atlas, der zwischen 1570–1612 42 Auflagen in sieben Sprachen erlebte. Er beinhaltete eine Sammlung von 219 Karten. Sechs Karten waren den in der Bible erwähnten Ländern gewidmet.

Ortelius war der erste Kartograph, der exklusive Karten in einheitlichen Größen herausbrachte. Auf der Rückseite wurde ein erklärender Text gedruckt und nicht, wie bis dahin üblich, eine weitere Karte. Intensiv hatte sich Ortelius mit der Kartographie der Mittelmeerländer befasst und insbesondere mit der Lokalisierung der in der Bibel erwähnten Orte in der Levante, Ägypten und Mesopotamien. Er veröffentlichte das Kartenwerk vermutlich schon 1601 unter dem Titel „Geographia sacra". Die Karte wurde später in den historischen Atlas von Joan Janssonius (1652 bzw. 1662) aufgenommen.

Lit.: Peter H. Meurer, Fontes cartographici Orteliani: das „Theatrum orbis terrarum" von Abraham Ortelius und seine Kartenquellen, Diss. Weinheim 1991.

Girolamo Ruscelli (circa 1504–1566)

Um 1504 wurde Girolamo Ruscelli in Viterbo geboren. Von dort führten ihn seine Studien zunächst nach Aquileia, dann nach Padua, Rom, Neapel und schließlich nach Venedig, wo er 1566 verstarb. Als Humanist und Universalgelehrter gab er eine Reihe literarischer und wissenschaftlicher Schriften heraus, die er z. T. auch unter dem Pseudonym Alexius Pedemontanus veröffentlichte.

Besonders hervorzuheben sind jedoch seine geographischen Forschungen, vor allem seine Studien zur „Geographia" des Claudius Ptolemaeus, die er 1561 publizierte. Posthum erschienen 1574 und 1599 noch zwei weitere Ausgaben der „Geographia". Die meisten Karten basierten auf den Karten von Giaccomo Gastaldi, die dieser für die Venezianische Ausgabe der „Geographia" von 1548 hatte drucken lassen.

Lit.: Gaetano Melzi, Alessio Piemontese, in: Dizionario di opere anonime e pseudonime di scrittori italiani o come che sia aventi relazione all'Italia, Milano, L. di G. Pirola, 1848, Bd. 1 S. 32; W. Eamon and F. Paheau, The Accademia Segreta of Girolamo Ruscelli: A Sixteenth Century Italian Scientific Society, Isis 75 (1984), 327 42.

Maler und Zeichner

Cornelis de Bruyn (1652–1726)

War ein niederländischer Maler und Reisender, der sich in seiner Heimat vor allem als Porträtkünstler einen Namen machte. Ein weiterer Schwerpunkt seines Schaffens war das Reisen in ferne Länder. Unzählige Zeichnungen dokumentieren seine Reisen durch Ägypten, Indien und Asien. In Ägypten stieg er sogar auf eine Pyramide und hinterließ seine Signatur. Die Stiche erschienen allesamt in seinem Buch „Reizen van Cornelis de Bruyn door de vermaardste Deelen van Klein Asia". Seine Darstellung von den Pyramiden und der Sphinx sind besonders bemerkenswert, da er, um die Proportionen zu zeigen, in die Zeichnungen einheimische Personen, Tier und Pflanzen einfügte. Er war einer der Ersten, der Zeichnungen vom Innenraum der Großen Pyramide und moderne Stadtansichten von Jerusalem mit nach Europa brachte.

Lit.: Bernhard Starck, Systematik und Geschichte der Archäologie der Kunst, 1880 S. 137; J. de Hond, Cornelis de Bruyn (1652–1726/1727). A Dutsch Painter in the East, in: G.J. van Gelder, E. de Moor, Eastwars Bound. Dutsch Ventures and Adventures in the Middle East, London, Atlanta 1994 S. 51–81; Begegnung mit dem Fremden. Frühe Orientbilder im 17.–19. Jahrhundert, Winckelmann und der Orient, Ausst.-Kat. 2009 Kat-Nr. 48 [Stephanie-Gerrit Bruer]. Zu den Pionieren der Wiederentdeckung Ägyptens: Winckelmann und Ägypten. Die Wiederentdeckung der ägyptischen Kunst im 18. Jahrhundert, Ausst.-Kat. Stendal 2003.

Luigi Mayer (1755–1803)

Über den Zeichner, Maler und Stecher sind nur wenige biographische Daten bekannt. Er stammte aus Deutschland und lebte über einen längeren Zeitraum in Rom, wo er ein Schüler des Stechers Giovanni Battista Piranesi war. 1792 unternahm er im Gefolge des englischen Botschafters im Osmanischen Reich, Sir Robert Ainslie, eine Reise nach Kleinasien und in den Orient. Während dieser Reise besuchte er unter anderem Ägypten und Palästina. Seine Reiseeindrücke hielt er in Skizzenbüchern und Aquarellen fest. Die Farbtafeln Mayers zeigen in unverwechselbaren Stil die großen Kulturdenkmäler der Pharaonenzeit. Er zeichnete mit Vorliebe die Tempel, Obelisken und Pyramiden der Pharaonen sowie islamische Bauwerke und Monumente. Dabei war er stets um Effekte bemüht, die er mit extravaganter Lichtführung und besonderen Schräg-, Auf- und Untersichten erzeugte. Doch darüber hinaus haben seine Aquarelle einen stark dokumentarischen Charakter, wenn er beispielsweise die wichtigsten Stadtviertel von Kairo mit seinen Moscheen, Minaretten, Palästen und einfachen Häusern oder die Neustadt von Alexandria mit dem Leuchtturm im Detail wiedergibt.

Der Gewandung der Orientalen galt ebenfalls sein Augenmerk – immer wieder porträtierte er hohe islamische Würdenträger, Juristen, Imame und Frauen.

Nachdem er zusammen mit Ainslie nach Europa zurück gekehrt war, übergab er seine Zeichnungen und Aquarelle dem Stecher Thomas Milton. 1801 wurden die Zeichnungen in einem grosßormatigen Folioband mit dem Titel „Views in Egypt, from the original Drawings in the possession of Sir Robert Ainslie, taken during his embassy to Constantinople by Luigi Mayer; Engraved by and under the direction of Thomas Milton; With Historical Observations, and Incidental Illustrations of the Manners and costums of the Native of that Country" veröffentlicht. 1803 folgte ein zweites Werk über das Osmanische Reich, das aber nicht an den Erfolg des ersten anknüpfen konnte. Die Werke Mayers erfreuten sich großer Beliebtheit und wurden besonders gern verwendet, wenn das Leben in Ägypten illustriert werden sollte. So geschehen auch bei dem französischen Schriftsteller und Gelehrten Jean Baptiste Breton de la Martinière, der 1814 das sechsbändiges Werk „L`Egypte et la Syrie, Ou Moeurs, Usages et Monuments des Egyptiens, Des Arabes et Des Syriens" mit zahlreiche Zeichnungen und Aqarellen Luigi Mayers veröffentlichte.

Lit.: Thieme-Becker, Allgemeines Lexikon der bildenden Künstler, 1930, Bd. 24, s.v. Meyer [Auguste Boppe]; Les Peintres du Bosphore au 18e Siècle, 1911; Alberto Siliotti, Ägypten-Entdeckungsreisen ins Land der Pharaonen, 1998.

David Roberts, R.A. [Royal Academy] (1796–1864)

Er war der berühmteste unter den Zeichnern und Malern, welche die antiken Stätten der Pharaonen bereiste und darstellte. Auf seiner Orientreise wollte er vor allem Zeichnungen von antiken pharaonischen Kunstwerken anfertigen, die ihm später als Grundlage für verkäufliche Lithographien und Gemälde dienen sollten. Davon versprach er sich einen großen finanziellen Gewinn.

Der in der Nähe von Edinburgh, Schottland, geborene Maler Roberts war ein Autodidakt. Er besuchte keine Akademie. Bevor er in den Orient reiste, macht er sich vor allem als Bühnenmaler an den bedeutendsten Theatern Englands einen Namen.

Bevor er im August 1838 nach Ägypten aufbrach, studierte er die Gebräuche des Orients. Auf Anraten seines Freundes, des englischen Malers William Turner, unternahm er schon im Vorfeld ausgedehnte Reisen nach Spanien, die ihn bis nach Marokko führten. Als er mit dem Schiff in Alexandria eintraf, wechselte er sofort seine abendländische Kleidung gegen eine arabische Dschellaba und einen Turban und tauchte in das arabische Leben in Kairo ein. Er trug die arabische Kleidung beständig, wie zahlreiche Aquarelle bezeugen, in denen er sich selbst als zeichnenden Künstler darstellte.

1838 reiste Roberts über 1300 Kilometer auf einer Dahabija, von Kairo nach Abu Simbel und zeichnete die Tempel entlang des Nils in mehr als 100 Skizzen. Da er sich ein enormes Pensum vorgenommen hatte, verweilte er nie allzu lang an einem Bau- oder Kunstwerk. Stattdessen zeichnete er die Bauwerke zügig, aber mit einer Genauigkeit, die Fotos gleichkommt.

Die Reise musste sich finanziell lohnen, denn davon hing seine zukünftige Existenz ab.

Dennoch zeichnete er stets auf hohem künstlerischen Niveau und strebte nach der größtmöglichen Genauigkeit in den Darstellungen. Er zeichnete jedes noch so kleine Detail, Nilometer; persische Wassermühlen, Ruinen, den Abtransport von Kunstdenkmälern, die Wandmalereien in Gräbern und die Einheimischen. Damit dokumentierte er eine Kultur, die schon im 19. Jahrhundert langsam am Verschwinden war. Eine besondere Faszination übte auf ihn das Licht des Orients aus, das er immer wieder zum Inszenieren seiner Zeichnungen nutzte. Sein Talent bestand darin, nach dem eindrucksvollsten Augenblick zu suchen, in dem eine Figur oder ein Bauwerk erstrahlen kann – diese Motivwahl macht seine Zeichnungen zu den denkwürdigsten und bemerkenswertesten der Viktorianische Ära und über die Grenzen des Königreichs hinaus bekannt.

Als einer der ersten Nichtmuslime erhielt er die Erlaubnis das Innere einer Moschee zu malen. Im Orient blieb er insgesamt elf Monate, bevor ihn ein mysteriöses Fieber zwang nach England zurück zu kehren. In seiner Heimat präsentierte Roberts seine Reiseeindrücke in zwei Ausstellungen in London einem begeisterten Publikum. Später wurden die Zeichnungen und Aquarelle noch einmal in Edinburgh und Glasgow gezeigt. Im Zuge dessen wurde er zum Vollmitglied der Royal Academy berufen. Seine Zeichnungen präsentierte er zahlreichen Verlegern, bis er in Francis Graham Moon einen adäquaten Partner für sein Vorhaben fand. Dieser bot ihm 3000 Pfund für seine Zeichnungen. Sein Freund aus der Bühnenmalerzeit, der belgische Stecher Louis Haghe, besorgte die Drukke nach Vorlagen von David Roberts Blättern. Am Ende entstanden drei großformatige Bände, mit insgesamt 248 Tafeln und sechs Kapitelseiten sowie ein Porträt Roberts gemalt von Charles Baugniet. Für die luxuriöse Ausgabe wurden die Blätter in schwarz/weiß gedruckt und im Anschluss von Roberts selbst handkoloriert. Kommentiert wurden die Abbildungen von dem Schriftsteller William Brockedor, der dafür auf die Informationen aus Roberts Reisetagebüchern zurückgriff.

Lit.: Fabio Bourbon, David Roberts R.A. – the life, works, and travels of David Roberts. R. A., 2000; Catharine H. Roehrig, Explorers and artists in the valley of the kings, 2002; Alberto Siliotti, Ägypten-Entdeckungsreisen ins Land der Pharaonen, 1998.

Friedrich Heinrich Werner (1808–1894)

Geboren in Weimar, studierte Werner bei Julius Schnorr von Carolsfeld in Leipzig Malerei. Von 1862–1864 unternahm er Reisen durch den Mittleren Osten. Er teilte mit den Orientalisten die Vorliebe für das Pittoreske und das natürliche orientalische Licht. Werners Arbeiten zeichnen sich besonders durch Darstellungen aus, die in erzählerische Handlungen eingebunden sind. Die Orientalen sind bei ihm mehr als nur Staffage. Das Pittoreske wird bei ihm zur Kunst. Zwar zeichnete er nicht architekturdetailverliebt wie Roberts, dafür legte er aber großen Wert auf die Wiedergabe der Farben. Alle Zeichnungen sind in einem Lehmton gehalten, der das Licht des Orients imitieren soll. Die Farben sind für Werners Werke sehr charakteristisch und verleihen ihnen einen ausgesprochen atmosphärischen Charakter. Einige auf seiner Reise entstandenen Zeichnungen wurden in dem Buch „Skizzen vom Nil“ veröffentlicht. Das Buch war in Europa so erfolgreich, daß es in mehrere Sprachen übersetzt wurde. Besonders bemerkenswert sind seine Zeichnungen von Jerusalem. Er war einer der wenigen Nicht-Muslime, die Einlass in den Felsendom bekamen und Zeichnungen des Innenraums anfertigen durften.

Lit: Gérard-Georges Lemaire; Orientalismus – das Bild des Morgenlandes in der Malerei, 2000; Alberto Siliotti, Ägypten-Entdeckungsreisen ins Land der Pharaonen, 1998.

Jean-Léon Gérôme (1824–1904)

Der schon zu Lebzeiten ausgesprochen erfolgreiche französische Historienmaler und Bildhauer unternahm 1854 eine Reise in das Osmanische Reich und 1857 eine weitere nach Ägypten. Beide Reisen hatten einen nachhaltigen Einfluss auf seine Malerei. Er gehört zu den sogenannten französischen Orientalisten, die dem Mythos des Orients als Ort der Sinnlichkeit und Dekadenz huldigten. Gemeinhin werden in den Bildern der Orientalisten keine historischen Tatsachen wiedergegeben, sondern ein Bild des Orients projiziert, das mit den mythischen Vorstellungen der Europäer vom Orient übereinstimmt.

Als Schüler Paul Delaroches debütierte er erfolgreich als 25-jähriger auf der angesehenen jährlichen Ausstellung des Pariser Salons. In den folgenden Jahren war er ein regelmäßiger Teilnehmer dieser Ausstellung und wurde maßgebend für die Pariser Kunstwelt. Sein bevorzugtes Sujet waren historische und mythische Themen. Weniger bekannt ist, daß er ein ausgezeichneter Porträtist war. Im Alter von fast 80 Jahren starb er am 10. Januar 1904 in Paris.

Lit.: Gerald M. Ackerman, Jean-Léon Gérôme. Monographie révisée, catalogie raisonné mis a jour., 2000; Gerald

M. Ackerman, Jean-Léon Gérôme (1824–1904). Sa vie et son oeuvre, 1998; Alexandra Hein, Zwischen Dokumentation und Illusion. Die Orientmotive im Werk von Jean-Léon Gérôme, 1996; Gérard-Georges Lemaire, Orientalismus – das Bild des Morgenlandes in der Malerei, 2000.

John Heaviside Clark (ca. 1771–1853)

Der gebürtige Schotte wanderte Ende des 18. Jahrhunderts nach Australien aus. Mehr ist über seinen Werdegang nicht bekannt. Uns sind lediglich seine Bilder überliefert. Doch auch er hat eine Orientreise unternommen. Erhalten sind stark stilisierte Bilder, die vom Leben und den Menschen im Orient und Ägypten erzählen. Der stark erzählerische Charakter, der meist über dem Künstlerischen steht, gründet sich in seiner Tätigkeit als Buchillustrator. Ob er vor oder nach der Auswanderung nach Australien eine Ägyptenreise unternahm, ist nicht bekannt. In Australien porträtierte er dann Aboriginies. Die Zeichnungen erschienen unter dem Titel „Natives Aboriginies".

Lit.: Gerald M. Ackerman, Les orientalistes de l'école américaine, 1994; Mantle Fielding, Dictionary of american painters, sculptors and engravers, 1926.

John Douglas Woodward (1848–1924)

Der amerikanische Kupferstecher, Maler und Illustrator lebte und arbeitete hauptsächlich in New York. Er wurde er in Middlesex County,Virginia geboren und starb in New Rochelle, New York. Besondere Aufmerksamkeit erregten seine Landschaftsmalereien, die vor allem in den Jahren nach dem Bürgerkrieg entstanden. Hunderte von Darstellungen mit Szenen aus Europa, dem Heiligen Land und den Vereinigten Staaten sind uns darüber hinaus überliefert. Viele davon wurden in bekannten Magazinen, wie dem damals führenden American Art Annual, abgedruckt. Er war bereits zu Lebzeiten ausgesprochen bekannt, da er mit seinen Bildern von der Alten Welt und dem Orient die Neugier nach dem Fremden befriedigte.

Lit.: Mantle Fielding, Dictionary of american painters, sculptors and engravers, 1926; Thieme-Becker, Allgemeines Lexikon der bildenden Künstler, 1936, Bd. 36.

Isaak Tirion (1705–1765)

Der Niederländer war Buchhändler und Verleger. Er gab zahlreiche Bücher, Serien und Zeitschriften heraus. Von besonderem Interesse sind heute seine Kartenwerke, so die Vereinigten Niederlande in zwölf Teilen und „Tegenwoordige Staat van alle Volken" [Gegenwärtiger Zustand aller Völker] in 45 Teilen. In diesem Werk finden sich neben zahlreichen Karten auch Darstellungen von bekannten Bauwerken und Monumenten, wie von den ägyptischen Pyramiden und Sphinx, die von Einheimischen in orientalischen Gewändern und antik gekleideten Personen gesäumt werden. Tirion hat die Pyramiden nicht im Original gesehen. Nur so lässt sich erklären, daß alle Pyramiden die gleiche Höhe haben und die Größenverhältnisse zwischen Pyramiden, Sphinx und den Personen auf dem Bild nicht realistisch sind.

Andere Karten wurden als Atlanten herausgegeben. Diese erschienen teilweise erst nach seinem Tode, so der Atlas van Zeeland 1760 und wurden bis 1784 immer wieder aufgelegt.

Lit.: Leo Bagrow R.A. Skelton, Meister der Kartographie, Berlin 1973; Wilhelm Bonacker, Kartenmacher aller Länder und Zeiten, Stuttgart 1966.

Charles Rollin (1661–1741)

Der französische Historiker und Pädagoge wurde am 30. Januar 1661 als Sohn eines Messerschmieds in Paris geboren. Nach Abschluss seines Studiums erhielt er zunächst eine Stelle als Professor für Beredsamkeit am königlichen Collegium, 1694 wurde ihm das Rektorat der Universität Paris übertragen, das er bis 1712 inne hatte. In den folgenden Jahren, bis zu seinem Tod am 14. September 1741, widmete er sich intensiv seinen Studien.

Zu seinen Hauptwerken gehören die „Histoire ancienne" (13 Bände, Paris 1730–1738), eingeschlossen die ägyptische Geschichte, und 8 Bände umfassende „Histoire de Rome"(1738–1748). Insbesondere in der „Histoire ancienne" finden sich Darstellung berühmter historischer Schauplätze, unter anderem des antiken Alexandria, daß er geichsetzt mit der Insel der Pharaonen.

Bedeutung erlangte er vor allem aufgrund seiner Schrift „Traité des études" (1726–1732), in der er sich um eine Reform des Bildungssystems im Sinne des Humanismus bemühte.

Lit.: Jean Château, Les Grands Pédagogues, PUF, 1956, p. 145–167; Dictionnaire universel d'histoire et de géographie, 1878, „Charles Rollin", [Marie-Nicolas Bouillet & Alexis Chassang].

0.4
Sebastian Münster
Die Pyramiden von Ägypten

1590
Ohne Sign. und Bez.
Holzschnitt, 30,6 x 20,3 cm (Blatt) 15,9 x 9,3 cm (Bild)

Marmaridæ
RICA
Oaſitæ
Landkarten
Magri
rcus
A
MAP
OF
ANCIENT
ÆGYPT
from Celarius.

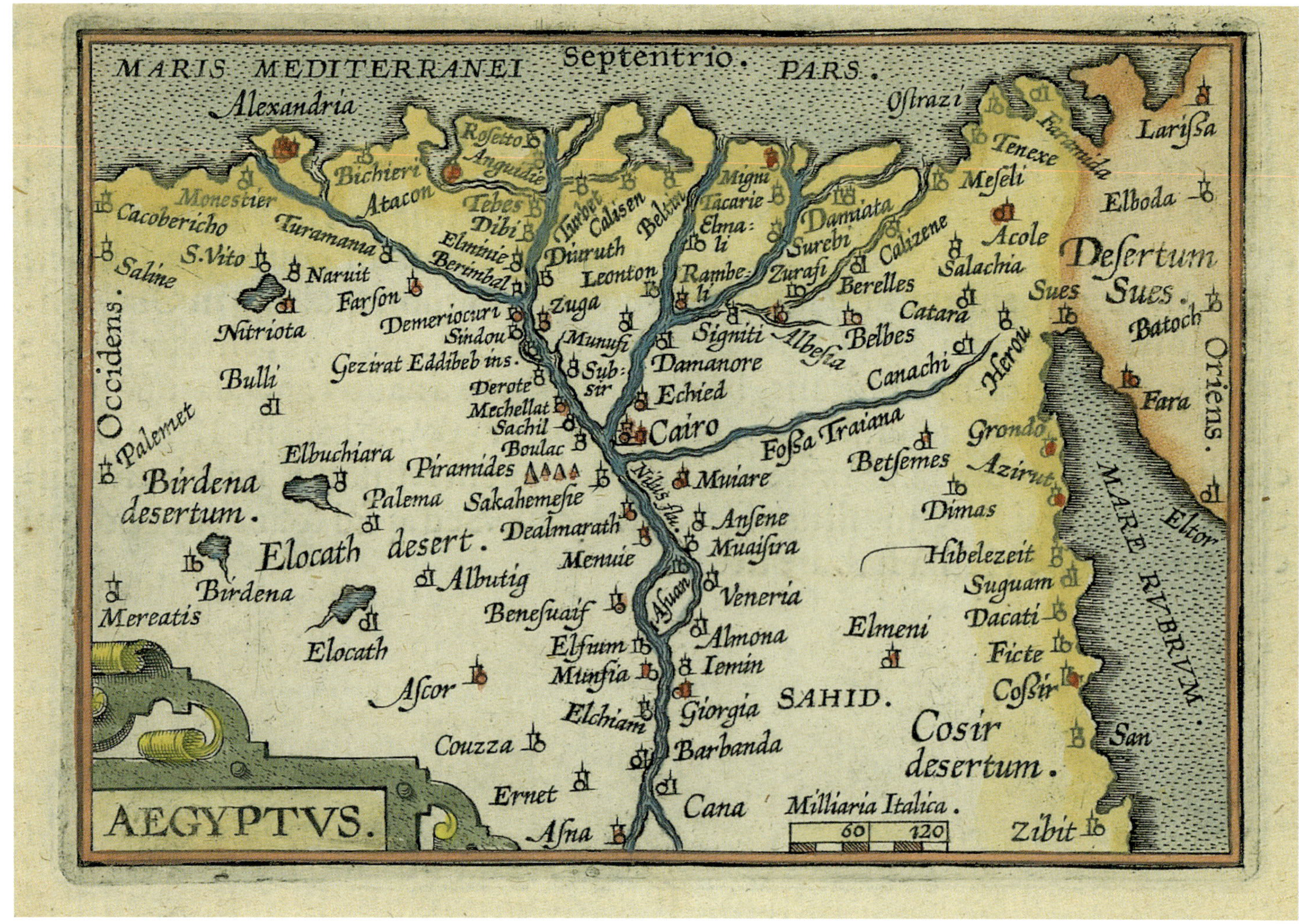

I.1
Abraham Ortelius
Karte von Ägypten
1601
Ohne Sign.
Bez.: Aegiptus. p. 106
Kolorierter Stich, 17,2 x 12,2 cm (Blatt), 10,3 x 7,5 cm (Bild)

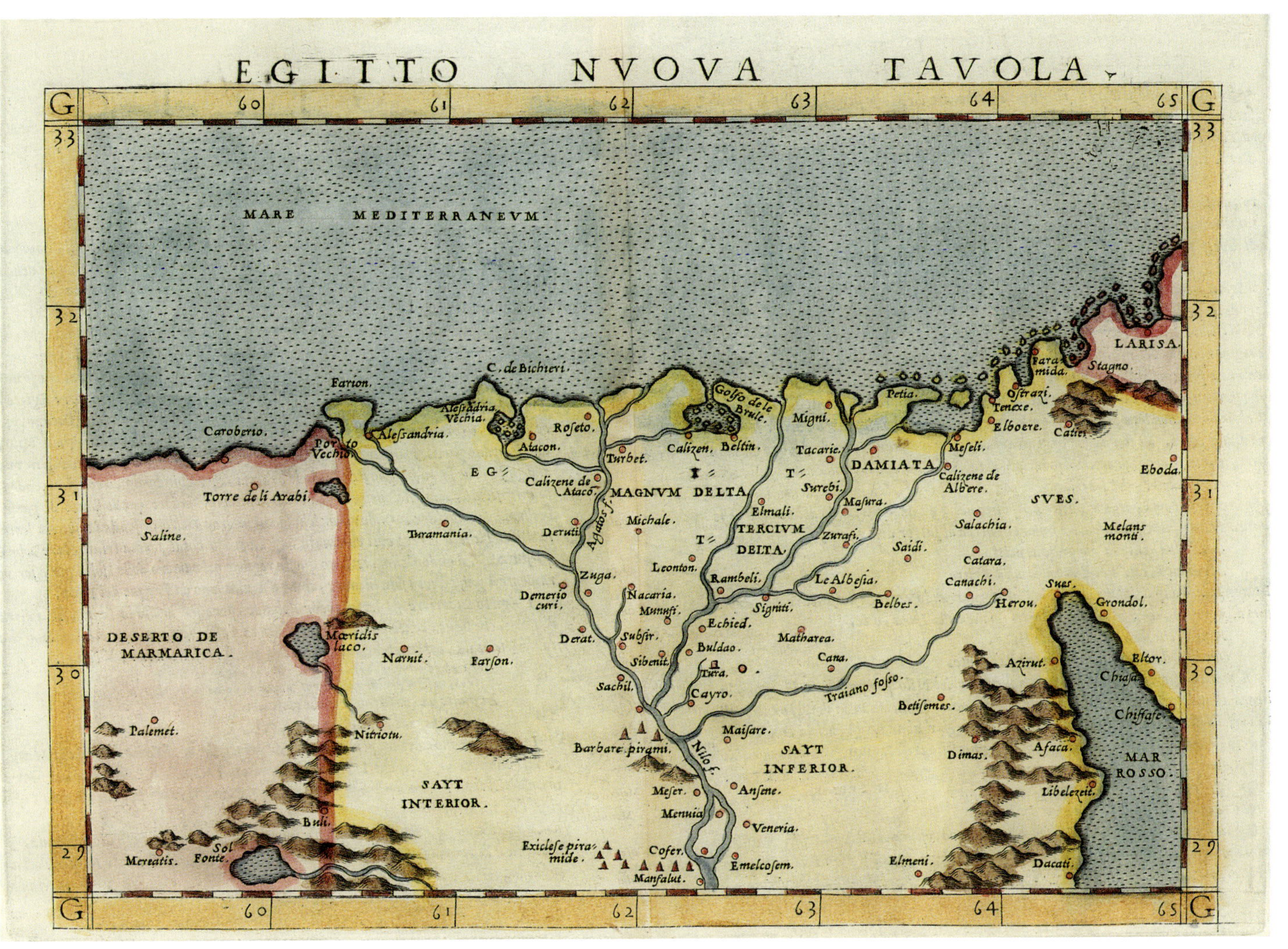

I.2
Girolamo Ruscelli

Karte von Ägypten nach Claudius Ptolemaeus

1561
Ohne Sign.
Bez.: Egitto Nuova Tavola
Kolorierter Stich, 29,3 x 21,7 cm (Blatt),
24,2 x 17,5 cm (Bild)

I.3
Sebastian Münster
Karte von Ägypten

1614
Ohne Sign.
Bez.: Aegyptus, p. 1551
Kupferstich, 36,9 x 23,3 cm (Blatt), 17,2 x 15,8 cm (Bild)

I.4
Christopher Cellarius
Karte des alten Ägypten

Um 1690

Ohne Sign.
Bez.: p. 339 Pl. 42. Vide Geogh Antiques[?] plate 10 (handschriftlich)
Kupferstich, 36,6 x 24,5 cm (Blatt), 29,0 x 20,2 cm (Bild)

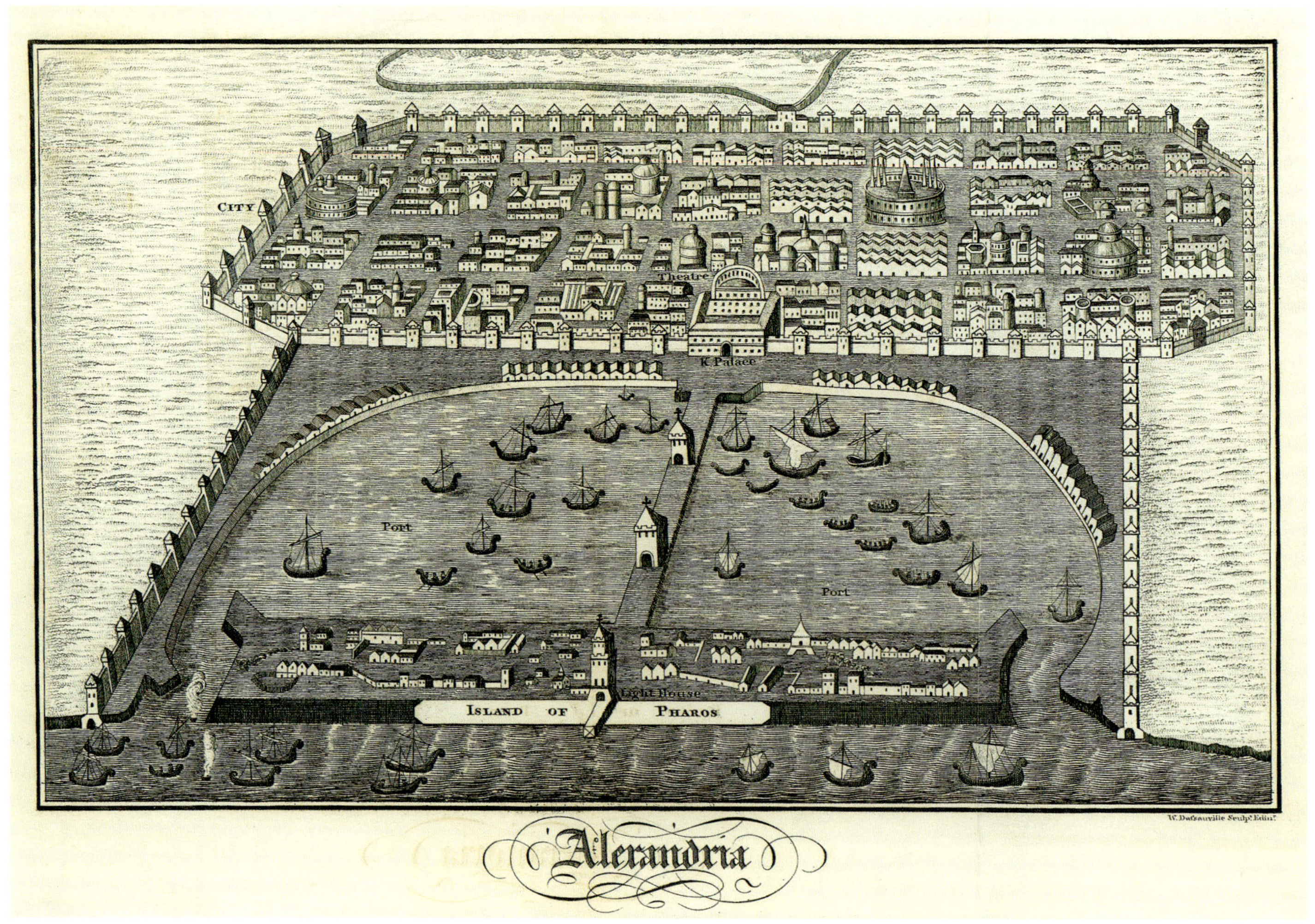

I.5
Charles Rollin
Alexandria

1844
Sign.: W. Dassauville Sculp^{r}. Edinb^{r}.
Bez.: Alexandria / Rollin's History
Kupferstich, 27,5 x 22,1 cm (Blatt), 23,0 x 16,5 cm (Platte), 22,0 x 13,5 cm (Bild)

Nilreise
A MAP OF ANCIENT ÆGYPT from Celarius.
MEDITERRANEAN SEA
Mouths of the Nile
DELTA
Alexandria
Pyramids
Memphis
GRAND CAIRO
Heliopolis
Babylon
ARABIA
PETRÆA
PALÆSTINÆ PARS
BARCA
MARMA-
Marmaridæ
RICA
Adyrmachiae
Mareotis
Nomos Ammoniacus
Oasis parva
Fons Solis
Oasitæ Nomi
HEPTANOMIS
Geographical Miles
20 40 60
Hermopolis
Lycopolis
Panopolis
Ptolemais
Coptos
Thebæ quæ et Diospolis
Syene
Elephantine
Philæ
Oasis magna
Lycomedis Lacus
BERDOA
Amtales Moun.ts
Blemmyes.
GAOGA
ÆTHIOPIA OR ABISSINIA
Metacompsa
Mt. Horeb
Mt. Sinai
Al Tor
RED SEA
Nile R.
ÆGYPT
THEBAIS

II.1
Pascal Sébah
Kairo (Nördlicher Hafen), Dahabije

Um 1875
Sign.: P. Sébah Phot.
Bez.: N° 41. Dahabièh
Albuminpapier, 34,4 x 27,4 cm

Ägyptisches Museum, Staatliche Museen zu Berlin, Inv.-Nr. Ph.P.183

II.2
Luigi Mayer
Der Obelisk von Alexandria

1802
Sign.: L. Mayer del. Published by R. Bowyer, Historic Gallery, Pall Mall, 1802
Bez.: THE OBELISK AT ALEXANDRIA, CALLED CLEOPATRA'S NEEDLES.
Lithographie, 42,0 x 30,3 cm (Blatt), 31,0 x 23,2 cm

II.3
Wilhelm Hammerschmidt
Alexandria, Obelisk der Kleopatra

Um 1860
Sign.: W. Hammerschmidt
Bez.: N. 3
Albuminpapier, 23,8 x 31,3 cm
Ägyptisches Museum, Staatliche Museen zu Berlin, Inv.-Nr. Ph.P.8012

OBELISK OF ON.

II.4
David Roberts R.A.
Der Obelisk von On

1848
Sign.: David Roberts R.A. / L. Haghe lith.

London. Published by F. G. Moon, 20 Threadneedle St. July 1st, 1848.
Bez.: Obelisk of Heliopolis, 1839 (im Bild), OBELISK OF ON.
Lithographie, 42,2 x 60,4 cm (Blatt), 26,1 x 30,2 cm (Bild)

II.5
G. Lékégian
Heliopolis, der Obelisk
Um 1890

Sign.: Phot Art. G. Lekegian & C°.
Bez.: N° 21 Obelisque d'Heliopolis
(à Matareah)
Albuminpapier, 20,8 x 27,2 cm

David Roberts R.A.
L. Haghe lith
The Holy Tree, Metereah
London, Published by F. G. Moon, 20 Threadneedle St July 1st 1849

II.6
David Roberts R.A.
Der heilige Baum

1849
Sign.: David Roberts R.A. / L. Haghe lith.
London, Published by F. G. Moon, 20 Threadneedle St. July 1st, 1849
Bez.: The Holy Tree, Metereah.
Lithographie, 40,7 x 42,0 cm (Blatt), 23,8 x 34,6 cm

II.7
Pascal Sébah
Matariye, Heiliger Marienbaum

Um 1875
Sign.: P. Sébah
Bez.: 40. L'Arbre de la Vièrge à Matarieh
Albuminpapier, 26,0 x 20,2 cm
Ägyptisches Museum, Staatliche Museen zu Berlin, Inv.-Nr. Ph.P.8015

II.8
Friedrich Heinrich Werner
Kairo, Ansicht von Norden

1873
Sign.: C. Werner f. 1873
Bez.: [oben Foto beschnitten] EGYPTO. CAIRO, VISTO DO NORTE.
Companhia Nacional Editora-Lisboa
Lithographie, 36,3 x 28,0 cm (Blatt), 25,1 x 19,8 cm (Platte), 23,1 x 16,2 cm

II.9
Unbekannter Fotograf
Kairo, Blick über die nördlichen Stadtteile zu den Pyramiden

Um 1885
Ohne Sign. und Bez.
Albuminpapier, 26,8 x 19,2 cm

Ruined Mosques in the Desert, West of the Citadel.
David Roberts, R.A.
L. Haghe, lith.
London, Published by F. G. Moon, 20 Threadneedle S^t. Decr 1st 1848
RUINED MOSQUES IN THE DESERT WEST OF THE CITADEL.

II.10
David Roberts R.A.
RUINEN EINER MOSCHEE WESTLICH DER ZITADELLE

1848
Sign.: David Roberts R.A. / L. Haghe, lith. London. Published by F. G. Moon, 20 Treadneedle St. Decr. 1st. 1848
Bez.: Ruined Mosgues, in the Desert, west of the Citadel.
Lithographie, 28,2 x 35,3 cm (Blatt), 24,0 x 30,8 cm (Bild)

II.11
Wilhelm Hammerschmidt
KAIRO, BLICK ÜBER EINEN ARABISCHEN FRIEDHOF ZUR ZITADELLE UND DIE MOHAMED ALI MOSCHEE

Um 1860
Sign.: W. Hammerschmidt
Bez.: 163 [laut CdV Citadelle, vue du Nord]
Albuminpapier, 27,0 x 21,0 cm

II.12
David Roberts R.A.
Eins der Kalifengräber

1848
Sign.: David Roberts R.A. / L. Haghe, lith.
London. Published by F. G. Moon, 20 Tread-needle Street Decr. 1[st.] 1848.
Bez.: One of the Tombs of the Khalifs, Cairo. [im Bild] / One of the Tombs of the Caliphs, Cairo.
Lithographie 43,9 x 37,9 cm (Blatt), 34,0 x 24,5 cm (Bild)

II.13
Unbekannter Fotograf
Kairo, die Kalifengräber in der nördlichen Totenstadt

Um 1870
Sign. nicht lesbar.
Bez.: […] Tombeaux des Califes, Vue générale, Caire.
Albuminpapier, 25,7 x 19,4 cm

II.14
Pascal Sébah
Kairo, Minarette der El-Ashar-Moschee

Um 1875
Sign.: P. Sebah.
Bez.: N. 320. Groupe de Minarets.
Albuminpapier, 26,0 x 19,6 cm

II.15
Studio Bonfils

Kairo, Theologie-Studenten im Hof der El-Ashar-Moschee

Um 1880
Sign.: Bonfils
Bez.: 1371. Cour et colonnade de la mosquée El-Azhar, avec étudiants.
Albuminpapier, 25,6 x 21,0 cm

Modern Mansion,
Shewing the Arabesque Architecture of Cairo
David Roberts R.A.
London Published by F.G. Moon, 20 Threadneedle Street,

II.16
David Roberts R.A.
Eingang eines arabischen Hauses

1848
Sign.: David Roberts R.A. / L. Haghe, lith. [im Bild]
David Roberts R.A. / L. Haghe, lith.
London, Published by F. G. Moon, 20 Treadneedle Street August, 1st. 1849
Bez.: Modern Mansion, Showing the Arabesque Architecture of Cairo. [im Bild]
Modern Mansion, showing the arabesque architecture of Cairo.
Lithographie, 40,8 x 58,7 cm (Blatt), 34,7 x 49,7 cm (Bild)

II.17
Abdullah Frères
Kairo, eine Strasse mit Wohnhäusern

Um 1880
Sign.: Abdullah Frères
Bez.: Quartier de Bab el-Wazir. N° 92
Albuminpapier, 20,2 x 25,6 cm
Ägyptisches Museum, Staatliche Museen zu Berlin, Inv.-Nr. Ph.P.8016

II.18
David Roberts R.A.
Nilometer in Cairo

1849
Sign.: David Roberts R.A. [2 x] / L. Haghe, lith. [im Bild]
David Roberts R.A. / L. Haghe, lith.
London. Published by F. G. Moon, 20 Treadneedle Street Sept[r.] 1[st.] 1849.
Bez.: The Nilometer, Island of Rhoda. [im Bild]
The Nilometer on the Island of Rhoda, Cairo.
Lithographie, 41,5 x 59,8 cm (Blatt), 24,9 x 35,2 cm (Bild)

II.19
Luigi Mayer
Joseph-Halle im Schloss in Kairo

1802
Sign.: L. Mayer, del[d]. Published by R. Bowyer, Historic Gallery. Pall Mall. 1802.
Bez.: JOSEPH'S HALL, IN THE CASTLE OF CAIRO.
Lithographie, 43,4 x 32,5 cm (Blatt), 38,6 x 30,8 cm (Platte), 31,0 x 22,5 cm (Bild)

II.20
Isaak Tirion
Die Pyramiden von Ägypten

1733
Sign.: I. C. T. del.
Bez.: AFBEElDING DER VERMAARDE EGYTTISCHE PYRAMIDEN, of GRAF-SPITZEN. / V. Deel Pag. 443
Kupferstich, 30,8 x 21,3 cm (Blatt), 28,4 x 15,8 cm (Bild)

II.21
Anon
Die ägyptischen Pyramiden mit dem Nil

Um 1800
Ohne Sign.
Bez: The EGYPTIAN PYRAMIDS with a view of part of the NILE & c.
Engraved for Middeltons Complete System of Geography. [oben]
Kupferstich, 30,0 x 19,0 cm (Blatt), 29,7 x 19,0 cm (Platte), 27,0 x 15,4 (Bild)

II.22
J. Pascal Sébah

Giza, Fernsicht auf die Pyramiden von der Pyramidenallee

Um 1890
Sign.: J. P. Sebah
Bez.: 438. Allée des Pyramides
Albuminpapier, 27,1 x 21,2 cm

II.23
Hippolyte Arnoux
Die zwei grossen
Pyramiden

Um 1875
Ohne Sign. und Bez.
Albuminpapier, 26,6 x 19,9 cm

J. D. WOODWARD. PINXT. J. SADDLER. SCULPT.

II.24
John Douglas Woodward
Die Pyramiden von Giza

1882
Sign.: J. D. WOODWARD PINXT. J. SADDLER, SCULPT. [Monogramm im Bild]
D. APPLETON & CO NEW YORK.
Bez.: PYRAMIDS OF GIZEH
Kupferstich, 31,8 x 23,4 cm, (Blatt), 24,8 x 16,7 cm (Bild)

II.25
C. u. G. Zangaki

Giza, Fernsicht auf die Pyramiden von der Pyramidenallee

Um 1885
Sign.: Zangaki
Bez.: No. 901 Nil et Pyramides.
Albuminpapier, 27,8 cm x 22,0 cm

II.26
Félix Bonfils
Giza, Gesamtansicht der Pyramiden von Süden

Um 1875
Sign.: Bonfils
Bez.: 104. Vue générale des Pyramides
Albuminpapier, 27,5 x 20,8 cm

II.27
C. u. G. Zangaki
Die Pyramiden als Dreiergruppe von Süden

Um 1880
Sign.: Zangaki
Bez.: N° 357. Vue génerales des Pyramides
Albuminpapier, 27,5 x 21,3 cm
Ägyptisches Museum, Staatliche Museen zu Berlin, Inv.-Nr. Ph.P.8002

II.28
Cornelis de Bruyn

Ansicht der grossen Sphinx von Giza

1692
Ohne Sign.
Bez.: [p.] 85
Kupferstich, 39,5 x 32,8 cm (Blatt), 37,7 x 27,2 cm (Bild)

II.29
Jean Léon Gérome
Napoleon und der Sphinx

1890
Sign.: J.L. GEROME. [im Bild]
JEAN LÉON GÉROME. [oben]
Photogravure Goupil & C° [unten]
Ohne Bez.
Photogravure, 28.7 x 22.0 (Blatt), 23,3 x 16,5 cm (Platte), 20,2 x 12,0 cm (Bild)

II.30
Francis Frith
Giza, Sphinx und Cheops-Pyramide

1857
Sign.: Frith
Bez.: F. N° 71 1857
Albuminpapier, 22,9 x 16,0 cm

II.31
C. u. G. Zangaki
Giza, freigelegter Grosser Sphinx

Nach 1886
Sign.: Zangaki
Bez.: N°· 452 Sphynx decouvert.
Albuminpapier, 27,3 x 21,9 cm

II.32
C. u. G. Zangaki
GIZA, DIE MYKERINOS-PYRAMIDE

Um 1875
Sign.: Zangaki
Bez.: N° 147 Pyramide de Guizeh
Albuminpapier, 27,7 x 22,0 cm

II.33
Hippolyte Arnoux
Sakkara, die Stufenpyramide des Djoser

Um 1875
Sign.: H. Arnoux Port Said
Bez.: 645. Pyramide de Sakara
Albuminpapier, 27,5 x 21,0 cm

II.34
[P. Sébah]
Memphis, die Kolossalstatue Ramses II.

Nach 1887
Ohne Sign. und Bez.
Albuminpapier, 26,0 x 20,1 cm
Ägyptisches Museum, Staatliche Museen zu Berlin, Inv.-Nr. Ph.P.8017

II.35
Studio Bonfils
Memphis, die Kolossalstatue Ramses II.

Nach 1887
Sign.: Bonfils
Bez.: 1135. Statue colossale à Memphis
Albuminpapier, 27,3 x 21,0 cm

ENTRANCE TO THE CAVES OF BENI HASSAN.

II.36
David Roberts R.A.
Eingang zum Grab des Chnumhotep II.

1846

Sign.: David Roberts R.A. – L. Haghe lith.
Bez.: Entrance to the Caves of Beni Hassan. [im Bild]
ENTRANCE TO THE CAVES OF BENI HASSAN.
Lithographie, 42,8 x 34,5 cm (Blatt), 24,6 x 29,2 cm (Bild)

II.37
Pascal Sébah
BENI HASSAN,
DIE FELSGRÄBER

Um 1875
Sign.: P. Sébah Phot.
Bez.: N° 50. Grottes de Beni Hassan. Hte Égypte
Albuminpapier, 33,8 x 26,0 cm
Ägyptisches Museum, Staatliche Museen zu Berlin, Inv.-Nr. Ph.P.74

II.38
David Roberts R.A.
Isis Tempel auf dem Dach des grossen Tempels von Dendera

1846
Sign.: David Roberts R.A. – L. Haghe lith.
Bez.: Temple of Isis on the roof of the great Temple of Dendera
Lithographie, 34,7 x 24,2 cm

II.39
Pascal Sébah

Dendera, Portikus des Hathor-Tempels

Um 1875
Sign.: P. Sébah Phot.
Bez.: N° 55. Temple d' Hathor à Denderah. Hte Égypte
Albuminpapier, 36,6 x 27,7 cm
Ägyptisches Museum, Staatliche Muscen zu Berlin, Inv.-Nr. Ph.P.77

II.40
Antonio Beato
Karnak, Amun-Tempel, Widderallee vor dem ersten, östlichen Pylon

Um 1885
Ohne Sign. und Bez.
Albuminpapier, 23,7 x 18,5 cm

II.41
P. Peridis
Karnak, Tempelbezirk des Month, Innenseite des „Ptolemäer-Tores“

Um 1890
Sign.: Peridis
Bez.: N°. 1.101 South arch Karnac.
Albuminpapier, 21,0 x 276 cm

II.42
G. Lékégian
Karnak, Amun-Tempel, die Obelisken Thutmosis I. und der Hatschepsut neben Resten des vierten Pylons

Um 1890
Ohne Sign. und Bez.
Albuminpapier, 19,5 x 25,6 cm

II.43
G. Lékégian
Karnak, Amun-Tempel, die Pfeiler Ober- und Unterägyptens vor dem Sanktuar

Um 1890
Sign.: Photogr. Artisque G. Lekegian & C.
Bez.: 1101 Karnak Piliers avex les plantes s
ymboliques du sude et du nord […] VIII dyn)
Albuminpapier, 20,7 x 27,2 cm

II.44
G. Lékégian
KARNAK, AMUN-TEMPEL, SÄULEN IN DER HYPOSTYLENHALLE

Um 1890
Sign.: Photogr. Artisque G. Lekegian & Co.
Bez.: (Karnak) Détail d' une colonne du G[d] Temple. 1107
Albuminpapier 21,7 x 27,5 cm

II.45
G. Lekegian & C.
Karnak, Amun-Tempel, die Hypostylenhalle vom südlichen Tordurchgang

Um 1870
Sign.: Photogr. Artisque G. Lekegian & C°.
Bez.: 1104 (Karnak) G^d Temple. salle hypostyle. intérieur. colonne penchée
Albuminpapier, 20,9 x 27,2 cm

II.46
John Douglas Woodward
Luxor

1882
Sign.: J. D. WOODWARD PINX[T]. J. GODFREY. SCULP[T].
D. APPLETON & CO NEW YORK.
Bez.: LUXOR.
Kupferstich, 31,8 x 23,4 cm (Blatt), 24,9 x 27,3 (Bild)

II.47
Félix Bonfils
Luxor, Gesamtansicht vom Nil

Um 1875
Sign.: Bonfils
Bez.: 126. Vue générale de Louqsor / Égypte
Albuminpapier, 27,2 x 21,4 cm
Ägyptisches Museum, Staatliche Museen zu Berlin, Inv.-Nr. Ph.P.8018

II.48
Pascal Sébah
Luxor, Pylon des Tempels mit dem Obelisken Ramses II.

Um 1875
Sign.: P. Sébah Phot.
Bez.: N° 32. Pylôn et Obelisque de Rhamsès II.
Albuminpapier, 27,4 x 22,0 cm
Ägyptisches Museum, Staatliche Museen zu Berlin, Inv.-Nr. Ph.P.8019

II.49
C. u. G. Zangaki
Luxor, Pylon des Tempels mit den Statuen Ramses II., rückseitig die Moschee Abu el-Haggag

Um 1880
Ohne Sign. und Bez.
Albuminpapier, 19,9 x 26,0 cm

II.50
Antonio Beato

Luxor, der Tempel, Hof Amenophis III. mit Blick auf die Prozessions-Kolonnade

Um 1885
Ohne Sign. und Bez.
Albuminpapier, 31,4 x 22,0 cm

II.51
Antonio Beato
Luxor, der Tempel, Hof Amenophis III.

Um 1885
Sign.: A. Beato
Ohne Bez.
Albuminpapier, 26,0 x 20,1 cm

II.52
Pascal Sébah
Luxor, Der Tempel, Kolossalstatue Ramses II. im Hof Ramses II.

Um 1875
Sign.: P. Sebah
Bez.: 97^{a}. Louxor, Ramsés II.
Albuminpapier, 20,0 x 25,8 cm

II.53
[Antonio Beato]
Luxor, der Tempel, Königin Nefertari am Bein der Statue Ramses II.
Um 1885
Ohne Sign. und Bez.
Albuminpapier, 21,0 x 27,5 cm

II.54
J. Pascal Sébah

Theben-West, die Memnon-kolosse (Amenophis III.)

Um 1895
Sign.: J. P. Sebah
Bez.: 767 Colosses de Memnon (Sud Est) Thébes
Albuminpapier, 26,6 x 20,3 cm

II.55
G. Lékégian

Theben-West, Der nördliche Memnonkoloss (Amenophis III.)

Um 1890
Sign.: Phot. Art. G. Lékegian & Co.
Bez.: 1041. Colosse de Memnon
Albuminpapier, 20,2 x 27,0 cm
Ägyptisches Museum, Staatliche Museen zu Berlin, Inv.-Nr. Ph.P.8020

041 Colosse de Memnon

II.56
C. u. G. Zangaki
Theben-West, Ramesseum, die Osirispfeiler im zweiten Hof

Um 1880
Sign.: Zangaki
Bez.: N° 655 Ramesseon a Thébes
Albuminpapier, 21,3 x 27,6 cm

II.57
Antonio Beato
Theben-West, Ramesseum, Innenansicht der Hypostylenhalle

Um 1880
Ohne Sign. und Bez.
Albuminpapier, 19,4 x 23,3 cm

II.58
Friedrich Heinrich Werner
Peristyl des Tempes von Medinet-Habu

1874
Sign.: C. Werner f. 1874
Companhia Nacional Editroa-Lisboa
Bez.: [Foto oben beschnitten]EGYPTO. PERISTYLO DO TEMPLO DE MEDINET-HABU
Lithographie, 23,6 x 17,5 cm (Bild)

II.59
P. Sébah

Theben-West, Zweiter Vorhof des Tempels Ramses III. in Medinet Habu

Um 1875
Sign.: P. Sébah Phot.
Bez.: N° 78. Médinet-Abou à Thèbes. Colonnade du péristyle du Grand temple.
Albuminpapier, 33,8 x 27,8 cm
Ägyptisches Museum, Staatliche Museen zu Berlin, Inv.-Nr. Ph.P.126

II.60
David Roberts R.A.
Portikus von Medinet Habu

1848
Sign.: David Roberts, R.A. / L. Haghe lith.
London. Published by F. G. Moon 20 Threadneedle S^{t}. Augt 1st. 1848.
Bez.: Dayr el Medeeneh-Thebes. [im Bild]
View from under the portico of Dayr-el-Medeeneh, Thebes.
Lithographie, 43,0 x 36,3 cm (Blatt), 34,8 x 25,2 cm (Bild)

II.61
Edition Photoglob

Deir el-Medineh, Innenhof des Tempels

Um 1890
Sign.: Edit. Photoglob
Bez.: 5546. Thébes Der el Medinet. Int. du temple.
Albuminpapier, 27,4 x 21,1 cm
Ägyptisches Museum, Staatliche Museen zu Berlin, Inv.-Nr. Ph.P.3156

93. Esneh. Colonnade.
P. Sébah

II.62
Pascal Sébah
Esna, Chnum-Tempel, die Säulenreihe des Portikus

Um 1870
Sign.: P. Sébah
Bez.: 93. Esneh. Colonnade.
Albuminpapier, 18,5 x 25,5 cm

II.63
Edition Schroeder & Cie Zürich
Esna, Säulensaal des Chnum-Tempels

Um 1890
Sign.: Edit. Schroeder & Cie Zürich
Bez.: 5564. Esne, le Temple
Albuminpapier, 21,3 x 27,4 cm
Ägyptisches Museum, Staatliche Museen zu Berlin, Inv.-Nr. Ph.P.3167

II.64
J. Pascal Sébah
Edfu, Gesamtansicht des Horus-Tempels

Um 1890
Sign.: J. P. Sebah
Bez.: 853 – Edfou (vue genera du Temple)
Albuminpapier, 26,6 x 20,0 cm

II.65
Antonio Beato
Edfu, Horus-Tempel, Blick vom Pylon zur Portikusfassade des Hypostyls

Um 1880
Ohne Sign. und Bez.
Albuminpapier, 25,8 x 20,3 cm

II.66
Unbekannter Fotograf

Edfu, Horus-Tempel, Wandrelief von der Umfassungsmauer, Krönung Ptolemäus VIII. durch die Göttinnen Buto und Nechbet

Um 1890
Ohne Sign. und Bez.
Albuminpapier, 20,0 x 26,0 cm

II.67
Pascal Sébah

Edfu, Östlicher Säulengang im Hof des Horus-Tempels

Um 1875
Sign.: P. Sébah Phot.
Bez.: N° 92. Temple d'Edfou – Colonnade de la Cour.
Albuminpapier, 36,6 x 27,4 cm
Ägyptisches Museum, Staatliche Museen zu Berlin, Inv.-Nr. Ph.P.138

II.68
G. Lékégian
Kom Ombo, Gesamtansicht des Doppeltempels vom Nil

Um 1890
Ohne Sign. und Bez.
Albuminpapier, 25,4 x 15,9 cm

II.69
Pascal Sébah
Kom Ombo, Ansicht der Hypostylenhalle des Doppeltempels

Um 1875
Sign.: P. Sébah Phot.
Bez.: N° 94. Temple de Kom-Ombos.
Hte Égypte
Albuminpapier, 37,0 x 27,0 cm
Ägyptisches Museum, Staatliche Museen zu Berlin, Inv.-Nr. Ph.P.142

II.70
C. u. G. Zangaki

Philae, Isis-Tempel, die westliche Kolonnade vom Pylon aus

Um 1880
Sign: Zangaki
Bez.: No 803 Philae Temple de […]
Albuminpapier, 27,9 x 21,7 cm

Bereits mit Bau der ersten Staumauer 1899 wurde die Insel die längste Zeit des Jahres überspült. Der Bau des Assuan-Hochdammes verursachte neue Probleme, so daß die einzigartigen Bauwerke 1977–1980 auf die höher gelegene Nachbarinsel Agilkia umgesetzt wurden.

II.71
G. Lékégian

Philae, Isis-Tempel, die westliche Kolonnade und Hathorsäulen der von Nektanebos I. erbauten Vorhalle

Um 1890
Sign.: Photogr. […] Lekegian & C°
Bez.: Phyloe
Albuminpapier, 27,2 x 21,3 cm

II.72
Edition Schroeder & Cie Zürich

Philae, Isis-Tempel, Blick auf den ersten Pylon von der östlichen Kolonnade

Um 1890
Sign.: Edit. Schroeder & Cie Zurich.
Bez.: 5592. Phylae, vue générale de la partie du sud.
Albuminpapier, 26,8 x 20,7 cm

II.73
Unbekannter Fotograf
Philae, Isis-Tempel, Gesamtansicht der westlichen Kolonnade vor dem ersten Pylon

Um 1880
Ohne Sign. und Bez.
Albuminpapier, 28,3 x 20,4 cm

II.74
G. Lékégian

Philae, Isis-Tempel, Tor des ersten Pylons mit Durchblick zum zweiten Pylon

Um 1890
Sign.: Photogr. Artisque G. Lekegian & C°.
Bez.: Phyloe […] 1164
Albuminpapier, 21,5 x 27,3 cm

II.75
Edition Photoglob
Philae, Isis-Tempel, Blick in die Säulenhalle

Um 1890
Sign.: Edit. Photoglob
Bez.: 5600. Phylae, le Temple, intérieur
Albuminpapier, 21,0 x 27,3 cm
Ägyptisches Museum, Staatliche Museen zu Berlin, Inv.-Nr. Ph.P.3065

II.76
Antonio Beato
Philae, der von Trajan erbaute Kiosk von Nordosten

Um 1865
Sign.: A. Beato [in schwarz]
Ohne Bez.
Albuminpapier, 26,0 x 20,5 cm

II.77
C. u. G. Zangaki
Philae, der von Trajan erbaute Kiosk von Nordwesten

Um 1880
Sign.: Zangaki
Bez.: N° 819 Philae Temple hypethre d'Isis
Albuminpapier, 27,5 x 21,2 cm

II.78
Unbekannter Fotograf
Philae, Blick von Süden

Um 1890
Ohne Sign. und Bez.
Albuminpapier, 23,0 x 18,5 cm
Ägyptisches Museum, Staatliche Museen zu Berlin, Inv.-Nr. Ph.P.1579

Um den Tempel vor der Überflutung durch den neuen Stausee zu retten, wurde er abgebaut und als Dank für die finanzielle Hilfe Spaniens in Madrid wieder aufgebaut.

II.79
David Roberts R.A.

NIL-SZENE IN DER NÄHE VON WADI DADOD

1838
Sign.: David Roberts, R.A. / L. Haghe, lith. [im Bild]
David Roberts R.A. / L. Haghe, lith.
London. Published by F. G. Moon, 20 Treadneedle St. Augt. 1st 1848.
Bez.: Wady Dadod, Nubia Novr 16th 1838. [im Bild]
Szene of the Nile near Wady Dadod, with crocodiles.
Lithographie, 44,2 x 37,2 cm (Blatt), 34,7 x 25,0 cm (Bild)

II.80
David Roberts R.A.

Gruppe von Nubiern im Wadi Kertassi

Sign.: David Roberts, R. A. – L. Haghe, lith.
London, Published by F. G. Moon 20 Threadneedle St.; May 1st. 1847.
Bez.: Group of Nubians – Wady Kardasey [im Bild]
Group of Nubians at Wady Kardassy
Lithographie, 42,4 x 33,7 cm (Blatt), 34,8 x 25,2 cm (Bild)

II.81
Antonio Beato
KERTASSI, DER ISIS-KIOSK

Um 1865
Sign.: A. Beato [in schwarz]
Ohne Bez.
Albuminpapier, 31,8 x 25.8 cm

Der Kiosk wäre in den Fluten des neuen Stausees versunken, konnte aber durch Umsetzung nach Neu-Kalabscha unweit des Hochdammes gerettet werden.

II.82
David Roberts R.A.

Dendur, Isis-Tempel

1848
Sign.: David Roberts, R.A. / L. Hagne, lith.
London. Published by F. G. Moon 20 Threadneedle S[t]. June 1st. 1848.
Bez.: Temple of Dandour – Nubia
Lithographie, 43,6 x 37,5 cm (Blatt), 35,0 x 25,5 cm (Bild)

II.83
Pascal Sébah
Dendur, Ruinen des Isis-Tempels

Um 1880
Sign.: P. Sébah Phot.
Bez.: N° 109. Temple de Dandour, Nubie
Albuminpapier, 36,7 x 28,0 cm
Ägyptisches Museum, Staatliche Museen zu Berlin, Inv.-Nr. Ph.P.166

II.84
David Roberts R.A.
Nubien: Wadi Saboua, Tempel

1847
Sign.: David Roberts, R.A. / L. Hagne, lith.
London, Published by F. G. Moon, 20 Threadneedle St. March 1st, 1847
Bez.: Temple of Wady Saboua – Nubia [im Bild]
Temple of Wady Saboua, Nubia
Lithographie, 42,9 x 33,7 cm (Blatt), 32,5 x 25,6 cm (Bild)

II.85
David Roberts R.A.
Nubien: Wadi Saboua, Tempel mit Statue

1847
Sign.: David Roberts, R.A. – L. Hagne, lith.
London, Published by F. G. Moon, 20 Threadneedle St. May 1st. 1847.
Bez.: Colosus in front of Temple of Wady Saboua – Nubia [im Bild]
Lithographie, 37,0 x 42,8 cm (Blatt), 23,9 x 34,1 cm (Bild)

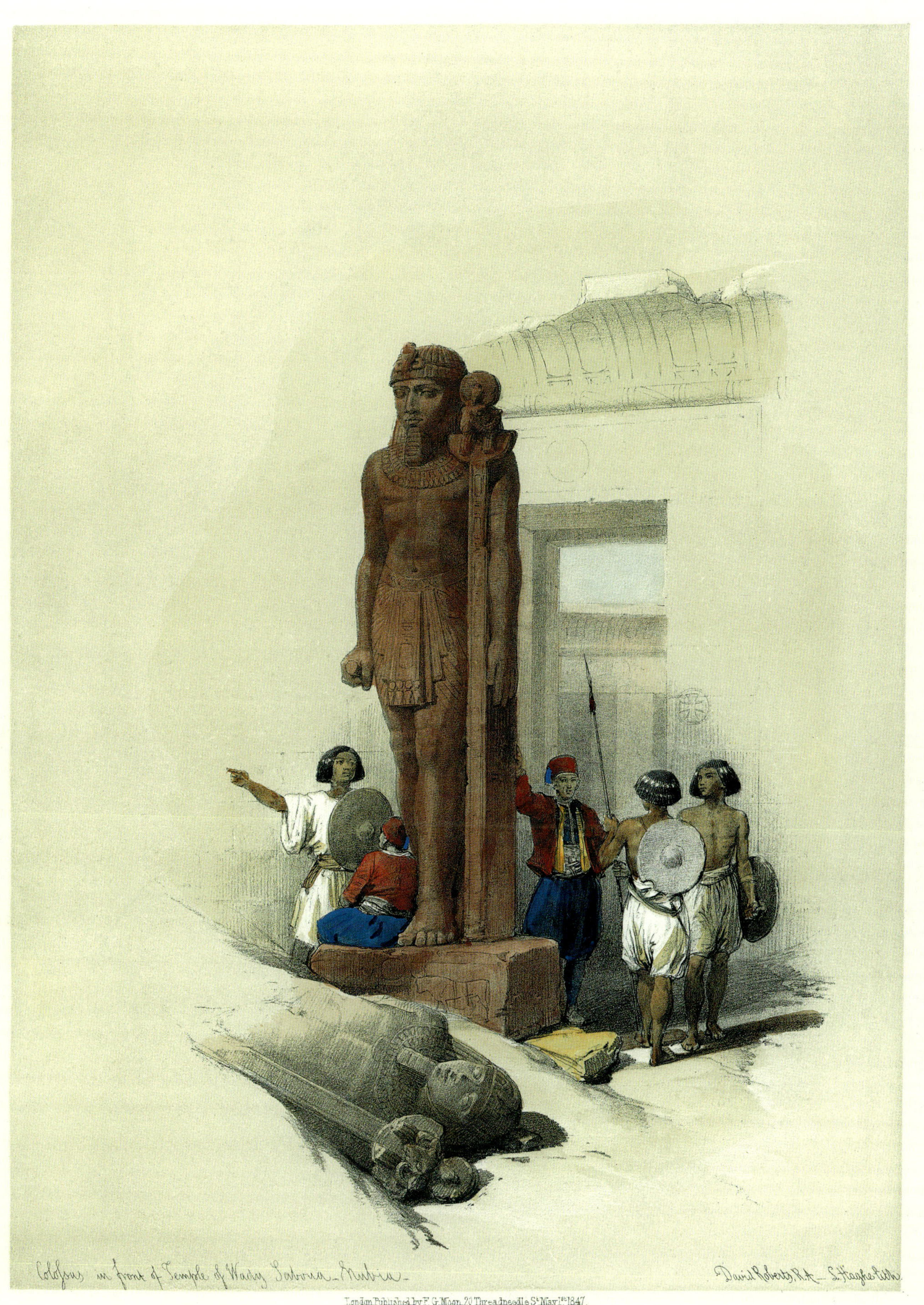
Colossus in front of Temple of Wady Saboua – Nubia –
David Roberts, R.A. — L. Haghe Lith.
London, Published by F. G. Moon, 20 Threadneedle St. May 1st 1847.

II.86
Pascal Sébah

Abu Simbel, Grosser Felsentempel, Fassade mit vier sitzenden Kolossalstatuen Ramses II.

Um 1870
Sign.: P. Sebah.
Bez.: 4. Abou-Simbel Grand temple Vue générale
Albuminpapier, 20,6 x 16,0 cm

Die beiden Tempel von Abu Simbel wurden 1960–1968 in einer internationalen Aktion der UNESCO mit großem technischen Aufwand zerlegt und 64 m höher auf einem Betonhügel wieder aufgebaut.

II.87
Unbekannter Fotograf
ABU SIMBEL, GROSSER FELSENTEMPEL, SEITENANSICHT MIT BLICK ZUM NIL

Um 1875
Ohne Sign.
Bez.: 949.
Albuminpapier, 28,0 x 21,0 cm

II.88
Pascal Sébah

Abu Simbel, Grosser Felsentempel, Pfeilerhalle mit Statuenpfeilern Ramses II.

Um 1870
Sign.: P. Sébah.
Bez.: N. 9 – Abou Simbel, G^{d}. Temple Int^{r} de Salle
Albuminpapier, 25,6 x 20,0 cm

Tourismus

III.1
C. u. G. Zangaki
Port Said, Schiffe im Hafen

Um 1880
Sign.: Zangaki
Bez.: [Nr. ?] Bateaux arretés a Port […] de la Drague
Albuminpapier, 27,6 x 20,7 cm

III.2
C. u. G. Zangaki
Port Said, Die Eisenbahn-Station

Um 1880
Ohne Sign.
Bez.: 219 Station de chaimin de fer à Suez
Albuminpapier, 27,8 x 21,2 cm

III.3
Unbekannter Fotograf
Giza, Touristen beim Sphinx

Um 1900
Ohne Sign. und Bez.
Albuminpapier, 26,3 x 20,5 cm

III.4
Unbekannter Fotograf
Giza, Eine grosse Touristengruppe vor der Cheops-Pyramide

Um 1895
Ohne Sign. und Bez.
Albuminpapier, 29,0 x 21,3 cm

III.5
Hippolyte Arnoux
Giza, Aufstieg auf die Cheops-Pyramide

Um 1880
Sign.: [...] Arnoux
Bez.: 722. Ascension de la g[d] pyramide Caire. / 704
Albuminpapier, 23,0 x 28,8 cm

III.6
C. u. G. Zangaki
Giza, Araber am Eingang der Cheops-Pyramide

Um 1880
Sign.: Zangaki
Bez.: N° 752 Porte de la Pyramide de Cheops
Albuminpapier, 22,3 x 27,8 cm

III.7
Unbekannter Fotograf
Luxor, eine Touristengruppe vor Kolonnaden

Um 1890
Sign. und Bez. nicht lesbar
Albuminpapier, 28,0 x 22,0 cm

III.8
Unbekannter Fotograf
Ein von bewaffneten Beduinen-
reitern eskortierter Tourist

Um 1890
Ohne Sign. und Bez.
Albuminpapier, 27,7 x 20,7 cm

III.9
Friedrich Heinrich Werner
Bazaar in Girgeh

1874
Sign.: C. Werner f. 1874.

Companhia Nacional Editora Lisboa
Bez.: [oben Foto beschnitten] Egypto. Bazar em Girgeh
Lithographie, 27,7 x 35,6 cm (Blatt), 18,5 x 26,7 cm (Platte), 16,8 x 20,8 cm (Bild)

Leben und Alltag

IV.1
C. u. G. Zangaki
Gewürzläden

Um 1880
Sign.: Zangaki
Bez.: N°. 664 Epicerie arabe
Albuminpapier, 27,9 x 21,1 cm

IV.2
G. Lékégian
Ein Gewürzhändler

Um 1890
Sign.: Photog[r]. Art. G. Lekegian & C°.
Bez.: Epicier arabe N° 145
Albuminpapier, 21,0 x 27,6 cm

Epicier Arabe. N° 145
Photog. Art G. Lekegian & C°

IV.3
C. u. G. Zangaki
Brotverkäufer

Um 1880

Sign.: Zangaki
Bez.: N° 638 Vandeur du pai[n ...]
Albuminpapier, 20,9 x 28,6 cm

IV.4
Bonfils
ZUCKERROHRVERKÄUFER

Um 1880

Sign.: Bonfils
Bez.: [Nr. nicht lesbar] Vendeuses de cannes á sucre au Caire
Albuminpapier, 22,1 x 28,1 cm

rchands de Parfums 157
J. P. Sébah

IV.5
J. Pascal Sébah
PARFÜMHÄNDLER

Um 1890
Sign.: J. P. Sebah
Bez.: Marchands de Parfums 137
Albuminpapier, 20,2 x 25,0 cm

IV.6
Félix Bonfils
KAIRO, TÖPFEREIGESCHÄFT

Um 1875
Sign.: Bonfils
Bez.: 640. Boutique de gargoulettes
Albuminpapier, 27,5 x 21,4 cm
Ägyptisches Museum, Staatliche Museen zu Berlin, Inv.-Nr. Ph.P.8021

IV.7
J. Pascal Sébah
Händler von Pferdegeschirr

Um 1890
Sign.: J. P. Sebah
Bez.: Marchand de Harnais 133
Albuminpapier, 26,8 x 20,8 cm

IV.8
J. P. Sébah
Ein Sattler in seinem Laden

Um 1890
Sign.: J. P. Sebah.
Bez.: 242. Selier Arabe
Albuminpapier, 27,0 x 21,0 cm

IV.9
Peridis & Georgiladakis
Wasserverkäufer beim Nachfüllen an der Pumpe

Um 1890
Sign.: Peridis e Georgiladakis
Bez.: Nr. 529 Sakka, [...] d´eau a la fontaine [...]
Albuminpapier, 28,1 x 21,4 cm

IV.10
G. Lékégian
Ein Wasserkäufer

Um 1890
Sign.: Phot. Art G. Lékégian & C°.
Bez.: [. . .]mali (Vendeur d´eau) N°. 117
Albuminpapier, 20,6 x 27,0 cm

N° 117

IV.11
Friedrich Heinrich Werner
Ein Strassen-Barbier

1870
Sign.: C. Werner, f. 1870
Companhia Nacional Editora-Lisboa
Bez.: [oben Foto beschnitten] Egyto. Um barbeiro de Achmim
Kolorierter Druck, 36,2 x 27,5 cm (Blatt), 25,5 x 20,4 cm (Platte), 23,0 x 16,2 cm (Bild)

IV.12
Unbekannter Fotograf
Ein Strassenbarbier mit Kundschaft

Um 1880
Ohne Sign. und Bez.
Albuminpapier, 19,9 x 24,8 cm

IV.13
David Roberts R.A.
EIN BRIEFSCHREIBER IN KAIRO

1849

Sign.: David Roberts, R.A. / L. Hagne, lith.
London. Published by F. G. Moon, 20 Threadneedle Street Sept[r] 1st, 1849.
Bez.: The Letter Writer, Cairo [im Bild]
Lithographie, 41,2 x 44,3 cm (Blatt), 24,2 x 35,0 cm (Bild)

IV.14
C. u. G. Zangaki
Schulstunde

Um 1880

Sign.: Zangaki
Bez.: N° 345 Ecole arabe
Albuminpapier, 21,2 x 27,7 cm

IV.15
David Roberts R.A.
KAIRO, KAFFEHAUS STRASSENSEITE

1847
Sign.: David Roberts, R.A. / L. Hagne, lith. [im Bild]
London, Published by F. G. Moon, 20 Threadneedle Street Septr 1st. 1849
Bez.: The Coffee Shop [im Bild]
The Coffee Shop of Cairo
Lithographie, 43,6 cm x 60,5 cm (Blatt), 34,7 x 24,8 cm (Bild)

IV.16
Friedrich Heinrich Werner
Ein Kaffehaus in Kairo

1871
Sign.: C. Werner. f. 1871.
Companhia Nacional Editora-Lisboa
Bez.: [Foto oben beschnitten] Egypto.
Um café no Cairo.
Kolorierter Druck, 36,0 x 27,6 cm (Blatt),
25,1 x 20,0 cm (Platte), 22,7 x 16,0 cm (Bild)

IV.17
Félix Bonfils
Ein Kaffeehaus in Kairo

Um 1870
Sign.: Bonfils
Bez.: Nr. 654 – Café arabe au Caire.
Albuminpapier, 26,2 x 20,8 cm

IV.18
Unbekannter Fotograf
Ein Kaffeehaus in Kairo

Um 1880
Ohne Sign.
Bez.: 65 [in schwarz]
Albuminpapier, 25,6 x 19,5 cm

IV.19
Unbekannter Fotograf
Ein Geistlicher beim Rauchen einer Goza-Pfeife

Um 1880
Ohne Sign.
Bez.: 418 [in schwarz]
Albuminpapier, 20,0 x 25,9 cm

IV.20
Unbekannter Fotograf
Eine türkisch gekleidete Dame beim Schischa-Rauchen

Studioaufnahme, um 1880
Ohne Sign. und Bez.
Albuminpapier, 19,2 x 24,5 cm

IV.21
G. Lékégian
Derwische beim Wirbeltanz

Um 1890
Sign.: Photog[r]. Art G. Lekegain & Co
Bez.: Derviche tourneurs N° 334
Albuminpapier, 27,0 x 20,6 cm

IV.22
Félix Bonfils
Musikgruppe mit Tänzerin

Um 1875
Sign.: Bonfils
Ohne Bez.
Albuminpapier, 27,1 x 21,3 cm

IV.23
Abdullah Frères
Eine Gruppe von Fellachen-frauen

Um 1880
Sign.: Abdullah Fréres
Bez.: Groupe de Femmes Fellahs N° 418
Albuminpapier, 20,8 x 18,8 cm

IV.24
G. Sarolides
Eine Fellachin mit Orangenkorb

Um 1880
Ohne Sign.
Bez.: 416 Femme fellahine
Albuminpapier, 21,5 x 27,2 cm

476 Femme fellahine

IV.25
[Tancrède R. Dumas]
Fellachenfrau mit Krug [Studioaufnahme]

Um 1875
Ohne Sign. Bez.: 179. Jeune femme arabe.
Albuminpapier, 20,4 x 26,1 cm
Ägyptisches Museum, Staatliche Museen zu Berlin, Inv.-Nr. Ph.P.8022

IV.26
Unbekannter Fotograf
Beduinenfrauen

Um 1880
Ohne Sign. und Bez.
Albuminpapier, 13,5 x 21,7 cm

IV.27
J. Pascal Sébah
Läufer

Um 1890
Sign.: J. P. Sebah
Bez.: 288 Sais
Albuminpapier, 21,0 x 25,3 cm

Die arabisch 'Sais' genannten Läufer eilten den Sänften oder Kutschen hoher Herrschaften voraus und machten den Weg frei.

IV.28
Unbekannter Fotograf
Sais (Läufer), den Weg für eine Kutsche frei machend

Um 1900
Ohne Sign.
Bez.: 569. CAIRO – THE OPERA.
Heliogravüre, 22,0 x 16,4 cm
Ägyptisches Museum, Staatliche Museen zu Berlin, Inv.-Nr. Ph.P.8023

IV.29
Unbekannter Fotograf
Eine Hochzeitsprozession

Um 1890
Ohne Sign. und Bez.
Albuminpapier, 26,8 x 19,7 cm

IV.30
Unbekannter Fotograf
Festlich geschmückte Kamele
mit der Brautsänfte

Um 1880
Ohne Sign. und Bez.
Albuminpapier, 27,2 x 20,9 cm

PERSIAN WATER-WHEEL, USED FOR IRRIGATION IN NUBIA.

IV.31
David Roberts R.A.
Schöpfrad in Nubien

1847
Sign: David Roberts, R.A. – Haghe lith.
Londons, Published by F. G. Moon, 20 Threadneedle St. May 1st. 1847
Bez.: A Persian Wheel used in raising Water from the Nile [im Bild]
PERSIAN WATER-WHELL, USED FOR IRRIGATION IN NUBIA
Lithographie, 36,5 x 40,4 cm (Blatt), 24,7 x 35,2 cm (Bild)

IV.32
Unbekannter Fotograf
Von einem Kamel betriebenes Schöpfrad

Um 1880
Ohne Sign. und Bez.
Albuminpapier, 28,5 x 20,7 cm

IV.33
G. Sarolides
Dorfbewohner am Schaduf (Ziehbrunnen)

Um 1880
Sign.: G. Sarolides
Bez.: N°. 32. Arabes á la fontaine
Albuminpapier, 27,5 x 20,7 cm

IV.34
Edition Schroeder & Cie Zürich
Oberägypten, Schaduf (Ziehbrunnen)

Um 1890
Sign.: Edit. Schroeder & Cie Zürich
Bez.: 5624. Haute-Égypte. Chadoûff
Albuminpapier, 21,0 x 27,5 cm
Ägyptisches Museum, Staatliche Museen zu Berlin, Inv.-Nr. Ph.P.3209

Edit. Schroeder & Cie Zurich.
Haute-Egypte. Chadouff.

A MAMALUKE EXERCISING.
L. Mayer del.
Published by R. Bowyer, Historic Gallery, Pall Mall, Sept 1 1802

IV.35
Luigi Mayer
Ein exerzierender Mameluke

1802
Sign.: L. Mayer del.
Publishes by R. Bowyer, Historie Gallery, Pall Mall, Sept. 1802
Bez.: A MAMALUKE EXERCISING.
Lithographie, 30,0 x 42,5 cm (Blatt), 26,5 cm x ? (Plattenrand nur an den Seiten erhalten) 22,0 x 31,4 cm (Bild)

IV.36
J. H. Clark
Exerzierende Mameluken

1813
Sign.: J. H. Clark Del. M. Dubourg Sculp^{t}.
Published & Sold May Ist, 1813, by Edwd. Orrne, Bond St. London.
Bez.: MAMALUKES EXERCISING THE SPEAR.
Lithgraphie, 26,8 x 20,9 cm (Blatt), 21,1 x 26,9 cm (Bild)

London. Published Oct.r 1st 1856 by
INTERVIEW WITH MEHEMET

IV.37
David Roberts R.A.
Interview mit Mohamed Ali

1856
Sign.: David Roberts R.A.
London. Published Oct$^{r.}$ 1$^{st.}$ 1856 by Day & Son, Gate Street Lincoln's Inn Fields.
Bez.: INTERVIEW WITH MEHEMET ALI IN HIS PALACE, ALEXANDRIA. / PLATE 213
Lithographie, 29,0 x 21,0 cm (Blatt), 23,1 x 16,2 cm (Bild)

IV.38
Haselman
Mohamed Ali

Nach einem Ölgemälde von 1860
Sign. und Bez. in Arabisch
Photogravure, 23,6 x 30,2 cm (Blatt), 20,8 x 26,8 cm (Bild)